今日から
できる！
発達障害
通級指導教室

子どもの社会性を育てる授業のアイデアと
「学習シート」**274**

佐藤 愼二 編著

大山 恭子 著

はじめに

　本書は、発達障害通級指導教室担当者のための実践書です。

　書名のとおり、ズバリ「今日からできる！」をコンセプトにしています。「今日、何をするのか」「それはなぜか」「何のためにするのか」「どのようにするのか」に徹した内容構成になっています。

付録 CD-ROM 　「学習シート」274 枚！を収録

　本書には、付録 CD-ROM に「学習シート」274 枚（「表情カード」10 シート、「〈グループ指導〉指導計画表」を含む）が収録されています！それぞれ Word と PDF、「表情カード」は JPEG ファイルです。ファイルをそのままプリントアウトすれば、すぐに授業で活用できます。今日、通級してくる子どもにそのまま活用することはもちろん、子どもの様子、必要に応じて、オーダーメイドしてください。

第Ⅰ章 　子どもの本音に寄り添う

　第Ⅰ章では、子どもと出会う頃の授業や毎回の授業のアイスブレイク用の学習シートについて取り上げています。「何をしたらいいの？」と悩んでいる読者は、まず、ここで取り上げられている学習シートを活用して、子どもとの信頼関係づくりに努めてください。

第Ⅱ章 　通級指導教室での指導の流れに沿って

　第Ⅱ章では、通級指導教室での一コマの授業を実際にイメージして、その流れを時系列で解説しました。この実践モデルをヒントに授業構成や展開を検討してください。グループで取り組むゲームの実例や CD-ROM に収録されている「学習シート」の活用方法を具体的に提案しています。教室運営に慣れてきたら、学習シートのアレンジ＆リニューアルに少しずつ取り組んでみてください。子どもの様子に応じて、日々の授業をアップデートできるはずです。

第Ⅲ章 　支援を最適化する 17 のポイント

　第Ⅲ章は、本書の心臓部になります。通級指導教室での授業の効果をさらに高めるためのヒントが満載です！　子どもたちの困った行動などへの対応について、17 のポイントを挙げてわかりやすく解説します。紹介している活動の振り返りシートなどは、通常の学級における授業や日常のシーンでも汎用でき、学級担任と連携する強力な連携・支援ツールになります。

第Ⅳ章　通級指導教室のよりよい運営アイデア

　第Ⅳ章は、通級指導教室を運営していく上で必ず求められる重要事項、すなわち、「自立活動の指導と個別の指導計画」「在籍校・学級担任との連携」「保護者との連携」「医療との連携」「いくつかの配慮事項」「『ホームルームは在籍学級』－ユニバーサルな学級・授業こそ！－」の６点に絞って具体的な提案をしています。通級指導教室運営の節々で活用してください。

　本書は「読んで理解する」ための書籍ではありません。付録 CD-ROM とともに、職員室の机上に常備し活用する、まさに「読んで実践する」ための書籍です。一人でも多くの先生に手に取っていただき、日々の授業で活用していただければ幸いです。

2020（令和２）年３月
植草学園短期大学　佐藤　愼二

Contents

第Ⅲ章　支援を最適化する 17 のポイント

第Ⅳ章　通級指導教室のよりよい運営アイデア

おわりに

付録 CD-ROM「学習シート」一覧

0. 自分でつける通知表・学校天気図など　5シート
- 0-01　学校の話
- 0-02　学校天気図
- 0-03　自分でつける通知表－友達・遊びバージョン－
- 0-04　自分でつける通知表－生活バージョン－
- 0-05　自分でつける通知表－勉強バージョン－

1. つまずいた場面やそれを予測できる場面の学習　133シート

1　1番になりたい・勝ち負け・完璧へのこだわり　5シート
- 1-01　100点とまちがい直しは同じくらい大事
- 1-02　ゲームで失敗したとき、負けたとき
- 1-03　ジャンケンで　勝つとき、負けるとき
- 1-04　ゲーム（遊び）に負けそうになったときは　どうする?
- 1-05　テストの点数が悪い子はダメな子?

2　イライラ　6シート
- 2-01　イライラがおさまったら、自分の気持ちを伝えないと損をする!?
- 2-02　イライラしたときの対応について（質問形式）
- 2-03　イライラのコントロール大作戦!
- 2-04　イライラの感情をコントロールする
- 2-05　上手に気持ちを落ち着かせよう!
- 2-06　落ち着きカード

3　グループ、チームでの活動　3シート
- 3-01　グループ活動を行うときのルールとマナー（役割を守る）
- 3-02　グループ分けについて
- 3-03　リーダーの役割（先攻後攻のジャンケン）

4　コミュニケーション支援　27シート
- 4-01　『いじわる』とは?
- 4-02　『ずるい』とは?
- 4-03　「ちがう考えがあります」と友だち言われたとき
- 4-04　「みないでよ!」といってもいいかな?（低学年）
- 4-05　『気が合う』
- 4-06　あいさつ名人になろう!
- 4-07　気もちのよいことわり方って何?
- 4-08　ぼくのものを　ともだちが　さわったとき
- 4-09　まわりはどんなとき『わがまま』『さぼっている』と思う?
- 4-10　やりたいからって、自分ばかりやっていいの?
- 4-11　自分ばかりがやってもよいの?～先生がうれしい!手伝い方～
- 4-12　意味が1つではない言葉
- 4-13　気がきく「友だちが手伝ってくれたよ!　これって迷惑!?」
- 4-14　気持ちって何?
- 4-15　『嫌み』
- 4-16　『見返りを求める』ことについて
- 4-17　言ってよいこと、悪いこと
- 4-18　自慢
- 4-19　女の子との関わり方（男の子用）
- 4-20　『上から目線』の本当の意味
- 4-21　上手なあいさつの仕方
- 4-22　親切とは～人が喜ぶことって何?～
- 4-23　人によって態度を変えてはいけないわけ
- 4-24　茶化す、ふざけるとは?
- 4-25　友だちと親しくなるための方法
- 4-26　友だちと親友
- 4-27　ともだちを　おしたら　どうなる?

5　ちょっかい、いたずら　3シート
- 5-01　いたずら
- 5-02　ちょっかいで友だちがおこるとき
- 5-03　勝手に人の物をさわってはいけないわけ

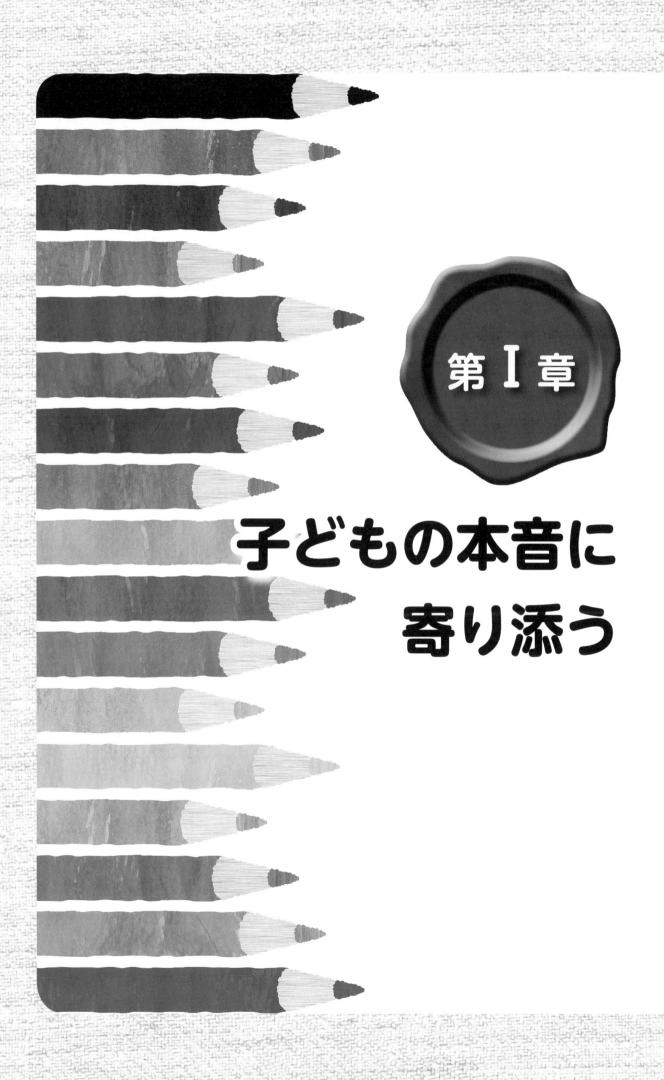

第 I 章

子どもの本音に
寄り添う

1．客観的な行動だけで子どもの「本音」を評価しない！

（1）誤解されやすい子どもたち

　Aさんとの出会いは、彼が小学校1年生のときです。生後一人歩きができるようになった当初から落ち着きがなく、じっとしているのが苦手な子どもだったそうです。小学校入学後も着席そのものが難しく、45分間の授業で座っていられるのはわずか5分か10分ほどでした。その離席の激しさに学校全体が困惑していました。

　私がAさんに、「どうして座っていられないの？」と聞くと、驚くような答えが返ってきました…「ぼくもみんなみたいに座って勉強したい！」と言ったのです…。愕然とさせられました…Aさんは周りの友達と同じように座っていたかったのです。しかし、じっとしていることができないで「困っていた」のです。**座っていたいけど座っていられないという「多動性」**－その言葉の本当の意味を初めて実感した瞬間でした。

> ○「客観的な行動」だけで、子どもを評価しない。
> ○子どもの「本音」に何らかの形で、寄り添う必要がある。

　周りの子どもが座っている集団の中で、立ち歩く子どもを目の当たりにして、「どうして言うことを聞けないんだ？！何てわがままなんだ！」と思わない教師はいないだろうと思います。しかし、立ち歩くAさんが「みんなと同じように『座りたいと思っている』」とは－少なくとも客観的には－とても思えませんでした。

　ベテランの通級担当者でさえ、「いい加減にしなさい！」と声を荒げたくなることは多々あります。発達障害等のある子どもたちは、それほど「『身勝手・わがまま・努力不足』と誤解されやすいのです。ですから、通級指導教室における支援は、その子どもたちの「本音」にどこまで寄り添えるか－正に、それがスタートラインなのかもしれません。

（2）子どもの声なき声に寄り添う

　下図のようにとてもシンプルな「対になる」簡単なアンケートをとっていた時期があります。紙の色を変えるアンケートで「学校でにがてなこと（水色・A4判）」「学校でがんばっていること（ピンク色・A4判）」を聞きました。あえて紙の色を変えることで、雰囲気を変えることをねらいました。

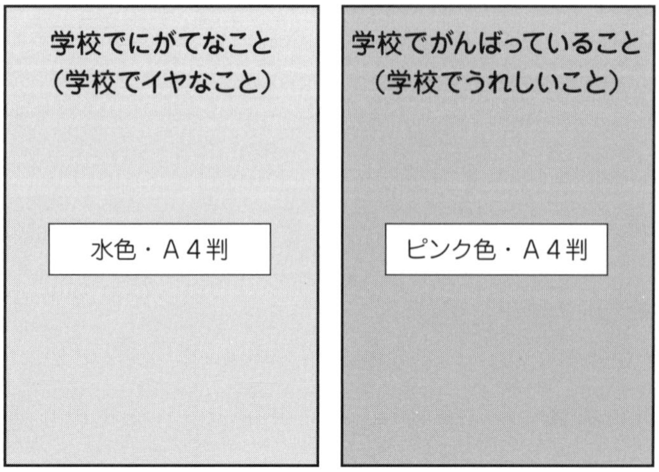

学校でにがてなこと（学校でイヤなこと）	学校でがんばっていること（学校でうれしいこと）
水色・A4判	ピンク色・A4判

　ある小学校3年生の子どもは、「にがて」の水色の紙に、拙いひらがなで「こくごどりる」と書き、「がんばっていること」のピンク色の紙にも「こくごどりる」と書きました。その子には漢字の書字困難がありました。「漢字はとてもにがてなんだけど、漢字を覚える努力をしています」という切ない訴えでした。事実、その子の「漢字ドリル」は、書いて消してを繰り返して

グチャグチャになっていました。当時の担任教師は、その子の算数の成績がずば抜けていたこともあり、「『漢字を覚える努力をしない子』と理解していた」と語っていました。

　ある1年生は「学校でイヤなこと」に「べんきょう」と書き、「学校でうれしいこと」に「べんきょう100てん」と書きました。多動性の強いADHDという困難さを抱える子どもの複雑な思いが伝わってきました。衝動性が強く学習にうまく乗り切れない子どもで、「やる気がない」と思われていたのです。「勉強は嫌いだけど、『できる』とうれしい！100点とりたい！」という1年生らしい健気な思いの表れです。

　ちょっとした一工夫で子どもの「本音」に寄り添うことも通級指導教室の役割です。「あの先生はわかってくれた！」という思いがあるから、子どもも「あの先生とならば、頑張ってみようかな」と思えるのです。

2.　逆転の発想による支援

（1）「ネガティブをポジティブに！」「マイナスをプラスに！」

　「興味のないことにはまったく集中できず、好きなことには超人的な集中力を発揮する」「思いついたことをやり遂げる前に、すぐ他のことを思いついて着手するので、一つのことをやり遂げる時間が到底ない」「一見すると『？』と思われるような独特の音感や色彩感覚や着眼点がある」－優秀な研究者、芸術家、俳優、スポーツ選手、ICT関係の技術者－否、すべての職種において、発達障害もくしはその傾向の大変強い人たちが多く活躍しているのは、周知の事実です。

　つまり、「あきっぽい→発想豊か」「こだわりが強い→集中力がある」「落ち着かない→行動力がある」…常に、「ネガティブをポジティブに」「マイナスをプラスに」変換する思考は、発達障害等を抱える子どもたちの支援に欠かせません。俗説ですが、「多忙は多動、多動は多忙」という言葉があり、私たち教師も－考えてみれば－常に動き回る職業です。多動性が良い方向に発揮されている典型的な職業なのです。

（2）"困った"行動をしていない状態への注目を増やす！

　ある発達障害当事者の方が語った有名なたとえがあります。それは「子どもの頃のじっとしてられない感覚というのは、『パンツの中にアリが入っている状態』を想像する必要がある」…とのことです。つまり、これは、じっとしていられない子どもにとっては、じっとしている姿は"パンツの中のアリ"と闘って座っている状態です。ですから、とても頑張っている姿ということになります。読者のパンツの中に、今、アリがいるとしたら、じっとしていることは簡単ではありませんよね。逆に、じっとしているとしたら、おそらく、かなり頑張っていると言えるでしょう。

　正に、支援に逆転の発想が求められるのです。パンツの中のアリは簡単には追い払うことはできません。"困った"行動は簡単には直せないのです。一方、"困った"行動をしていない状態は、大人から見るとできて当たり前に思えます。しかし、その"できて当たり前"の状態は、その子どもの立場では、パンツの中のアリと闘いながらかなり頑張っている姿かもしれません。その"できて当たり前"の姿に注目して応援する－これが逆転の発想です。

（3）逆転の発想という大原則

> 逆転の発想とは、
> ○ "困った" 行動を叱って減らそうとするのではなく
> ○ "困った" 行動をしていない状態を徹底して認めること・褒めること！

　私たち大人は "困った" 行動につい注目して、「何やってるの！！」と叱ってしまうのですが、子どもが "困った" 行動をしていない状態は頑張っている姿です。その姿にこそ注目して褒めるのです。「じっとしているのが苦手な子どもがいたら→　じっとしているときを褒める！」「おしゃべりの多い子どもがいたら→話を聞いているときを褒める！」「片付けが遅い！→『誰が早いかな〜！』『誰が片付け名人かな〜！』『先生と、どっちが早いかな〜』と言ってみる」「『〜はいけません！』と叱るよりも→『〜してくれるとうれしいな！』と伝える」等です。「逆転の発想」の詳細は、拙書『逆転の発想で　魔法のほめ方・叱り方−実践　通常学級ユニバーサルデザインⅢ−』（東洋館出版社）を参照してください。

　つまり、通級指導教室の指導も、いきなり、困難を伴う（＝子ども本人の課題・苦手や周りの教師が何とかしてほしいと考える）行動の改善から始める必要はないのです。根底には「逆転の発想」がなければなりせん。今できていることは頑張っていると受け止めて、その子どもの得意なことは何なのかをまずは見つけます。ポジティブでプラスの側面にこそ着目して、それを伸ばしていくという発想で支援を始める必要があります。

3. 子どもの本音に寄り添うシートの工夫

（1）意義・目的と使い方

> 子どもの今、現在の気持ち（楽しい、うれしい、不安、つらい、イライラ、ムカムカ…）
> ＝子どもの『本音』を把握する。

　子どもの「ホーム」ルームは在籍学級です。「ホーム」の中で、生きづらさを抱えている子どもたちが通級にやってきます。声にできない、わかってもらえない思いを抱えてくることもあります。まずは、それに寄り添い、その子どもは今どんな立ち位置にあるのか、通級担当の立場で把握します。いくつかのシンプルな方法を提案します。

　週に1度、通級指導教室にくる子どもに、たとえば、「1週間、どうだった？」と聞いて、すぐに答えが返せる子どもとそうでない子どがもいます。話すこと自体が苦手な子どももいます。とてもシンプルな手続きではありますが、次頁の図にある『学校天気図』や『学校の話』のような簡単な質問を読んで、「ふっ」と自分を振り返ることができるようにします。書字に苦手さのある子どもには、（　　）の中に〇をつければ終わるアンケートがとても好評でした。

　『学校の話』には「わからない」という回答欄も設けてあります。ここに〇がつく場合は（もちろん、本当に「わからない」場合もあるでしょうし）、「答えたくない」というニュアンスが含まれる場合もあります。この後の指導の中で、そのことを取り上げることもできますし、在籍学級担任や保護者の話を聞くきっかけになることもあります。

学習シートの活用
付録 CD-ROM

0. 自分でつける通知表・学校天気図など
　　＞　0-01 学校の話、0-02 学校天気図

学校の話

月　日　曜日　　名前＿＿＿＿＿

1. 学校は楽しいですか？
　　た　の　し　い　（　　　）
　　つ　ま　ん　な　い　（　　　）
　　ふ　　　つ　　　う　（　　　）
　　わ　か　ら　な　い　（　　　）

2. 友達はやさしいですか？
　　や　さ　し　い　（　　　）
　　や　さ　し　く　な　い　（　　　）

3. 友達とけんかしましたか？
　　け　ん　か　し　た　（　　　）
　　け　ん　か　し　な　い　（　　　）

4. 先生はやさしいですか？
　　や　さ　し　い　（　　　）
　　こ　　　わ　　　い　（　　　）
　　ふ　　　つ　　　う　（　　　）

5. 今、一番、頑張っていることは何ですか？

「学校の話」

学校天気図

1. 昨日までの学校は

　☀　はれだよー　（　　　）

　☁　くもりだよー　（　　　）

　☂　あめだよー　（　　　）

2. へー、なにがあったのー？

「学校天気図」

　記入する時間帯は、通級開始前の待ち時間や個別指導の冒頭の息を整える時間に記入したり、アイスブレイクがわりに活用したりする方法もあります。アイスブレイクと書きましたが、子どもによっては、この時間そのものに大きな意味があり、個別指導の時間のメインメニューになることもあります。シートは、付録のCD-ROMにフォーマットが入っていますので、アレンジして活用してください。

（2）発展的な工夫の例

①「イラスト・トーク法」

　後章でも紹介する方法の一つに「イラストトーク法」があります。

　冒頭でのアイスブレイクに慣れてくると、「白い紙がいい」とリクエストする子どももいます。「マンガみたいに描いてもいいよ」とアドバイスすると、棒人間の簡単なイラストに吹き出しをつけて説明する子どももいました。

　そのときの情景を思い浮かべながら振り返ることになるため、相手だけでなく、自分が良くなかった点に気づくきっかけにもなります。

②「イメージ地図法（連鎖キーワード法・マインドマップ法）」

　慣れてくるに従って、自分や周りの状況を客観視できるようになってきます。「イメージ地図法」は、そのときの自分の思いや状況だけでなく、日頃の出来事やそれへの思いも含め、ランダムに書き出しながら、「問題」とされた出来事を少しずつ整理する方法です。

　『授業がつまんないと思ったから、はさみを出して紙を切りたかっただけ…なのに、Bくん

に「ダメだろ」と言われてカッとなって、叩いた』のように、関連性がありそうな内容を教師のアドバイスで関連付けて振り返ったり、「この場面で他にやり方はなかったかな？」と一緒に考えたりすることにも使えます。

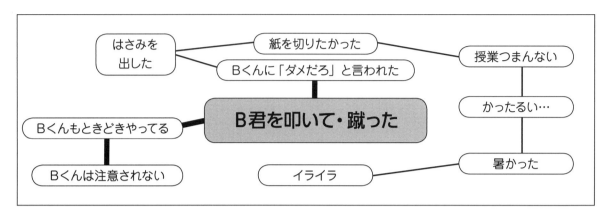

　自分の思いを表現しやすい方法を見つけ出す意味もありますので、最終的にはいくつかの方法から「選択」することも大切になります。

（3）「自分でつける通知表」

　これは学期末に活用します。当てはまるところに〇を記入します。特に、頑張ったと思うことには◎にすることもあります。

　「通知表」スタイルで教科等ごとに振り返ります。結果として、テストの点数が悪くても本人の自己評価としてはとても高い場合もあります。

　ここでも大切なポイントは、客観的な「評価」（ここではテストの点数）と「本音」は必ずしも、一致しないということを前提にすることです。子どもの「本音」に寄り添う重要性を改めて、確認しておきたいと思います。

　なお、「自分でつける通知表」は、図示した「勉強バージョン」の他に、「友達・遊びバージョン」「生活バージョン」があり、いずれも CD-ROM に収録されています。

　本章で確認したことをまとめます。まずは誤解されやすい子どものしんどい（もちろん、うれしいも）思いに寄り添う姿勢と、できること・

学習シートの活用　　付録 CD-ROM
0．自分でつける通知表・学校天気図など
　＞　0-05　自分でつける通知表
　　　　　　　　　　－勉強バージョン－

得意なことから応援するという逆転の発想によるスロースタートの重要性です。子どもと通級担当者の間に確かな信頼関係が成立すると、少しずつ困難なことにも立ち向かう気持ちがお互いに高まるのです。なぜならば、**様々な問題行動を何とかしたい最も強く願っているのでは子ども本人**だからです。

　次章以降、さらに実践的で具体的なアイデアを紹介します。

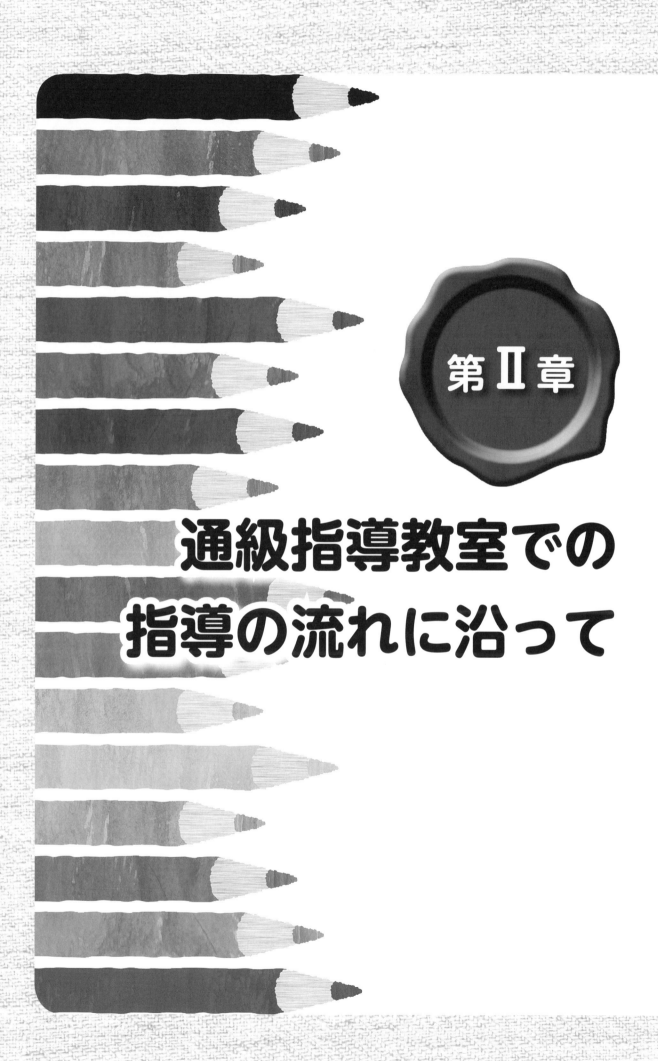

第Ⅱ章

通級指導教室での指導の流れに沿って

1．指導の流れ

通級指導教室は、対象となる子どもの在籍学級での学習上又は生活上の困難を改善するために必要なスキルを学ぶ場です。限られた指導時間ですので、子どもの様子に応じて必要とされる指導内容を見極めながら、効果的、効率的な支援を目指します。

ここでは、3人程度のグループ編成で個別学習とグループ学習を90分間で行う右図のような指導の流れを提案します。しかし、地域や学校によっては、個別学習しか行えない場合も多いと思います。本章での内容は、担当者一人で教室運営する場合や45分で展開する場合にも十分に活用できるように構成しています。

指導の発想としては、個別学習で学んだことをグループ学習で活かし、グループ学習で学んだことを在籍学級で活かすという流れになっています。通級指導教室での成功体験が、在籍学級の大きな集団の中に広がっていくことを願っています。

指導の流れ
①はじめの会（5分）
②個別学習（30分）
③グループ学習（40分）
・ゲーム活動
・振り返りシート
④終わりの会（5分）
⑤休み時間（10分）

2．はじめの会の工夫

（1）挨拶

日直は、日直カードに基づいて挨拶を行います。

友達の行動を気にせずに、カードに書かれた文字をただ読む子どもいるため、周囲の行動を見計らいながら、それに合わせて声かけができるようにします。日直カードに「起立」や「着席」などを入れることで、姿勢についても学習することができます。

日直カード
「きりつ」
「きをつけ」
「れい」
「〇〇（あいさつ）」
「これから〇〇教室の勉強を始めます」
「ちゃくせき」

（2）予定の確認

本時の予定や、約束などを確認します。

①約束の例

・先生の話を最後まで聞く。

・話をしたいときは、手を挙げて、指名されてから話す。

・友達や先生が嫌な気持ちになることをしない、言わない。

②ホワイトボードの活用例

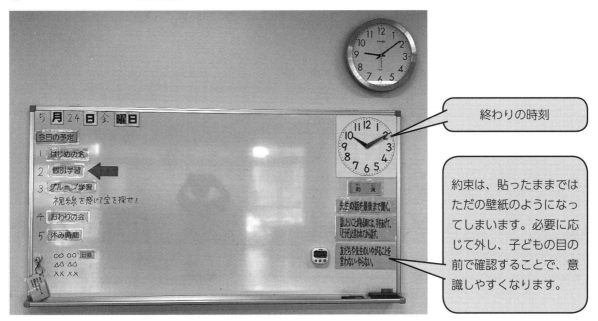

終わりの時刻

約束は、貼ったままではただの壁紙のようになってしまいます。必要に応じて外し、子どもの目の前で確認することで、意識しやすくなります。

（3）個別学習の部屋決め

①話し合いの時間を設定する

　個別学習で使う部屋（スペース）を子ども同士の話し合いで決めます。これ自体が貴重な指導の場となります。話し合いが苦手な子どもも多いため、話し合いの場面を意図的に設けます。子どもによっては、文型があった方が話し合いやすい場合もあるため、パターンに応じた話し合いの仕方を段階的に教えることも大切です。

ステップ1　　自分の意見を言ってから、それでよいか聞くパターン

「ぼくは1の部屋を使いたいけど、いいですか？」

「いいよ」

ステップ2　　相手の意見を聞いてから自分はどうすべきか考えるパターン

「みんなは、どこの部屋を使いたいですか？」

「ぼくは1の部屋を使いたいです」

「いいよ」または、「ぼくも1の部屋を使いたいです」

※3人以上になると、より難易度が増します。

子どもは、教えた文型通りに堅苦しい言葉を使ってやりとりをすることがあります。
年上や友達とは話し方が変わることを教えるチャンスです！

②指導のポイント

○決めるときは「公平であること」を意識できるようにします。そのための方法として、『ジャンケン』『譲る』『話し合う』などの方法があることを伝えます。

○友達の意見に対して譲れたことを褒めると、次回からも譲り続ける様子がよく見られます。
　このような場合は、譲り方を取り上げて学習しましょう。

自分が譲り、相手も譲ったときは、必ずどちらかが自分の意見を言います。意見を言わないといつまでも決まりません。

先生

○話し合いでまとまったら、報告します。報告は人間関係を円滑にするための大切な手段であることを確認します。『（先生）、決まりました。』『ぼくが、（場所）で、□□くんが（場所）で、△△くんが（場所）です。』

何も聞いていないふりをして話し合いを見守ります。「決まりました」と子どもが言ったときに、あえて注目することで、報告の必要性を学習します。

3. 個別学習の工夫

（1）意義と目的

○子どもの気持ちに寄り添いながら、1対1でじっくりと学習できる。
○子どもの優先課題に対して、子どものわかる方法で、子どものペースに合わせて学習できる。

①子どもとの信頼関係

　学校生活での子どものつまずきは、子どもの認知能力の偏りや、子どもを取り巻く環境要因の影響によって個々に応じて様々です。発達障害は目で見てわかる障害ではありません。それだけに、怠けや努力不足、わがままと勘違いされてしまうことが少なくありません。通級指導教室では、子どものつまずきを問題行動として責めるのではなく、そのような行動を起こしてしまう子どもの心情に、まずは寄り添うことが大切です。**子どもの問題行動を理解するのはとても難しいことですが、『通級指導教室では先生が話を聞いてくれる！　理解してくれる！』と子どもが実感してくれることが支援の第一歩です。**

②子どもの心情に寄り添う

　気をつけなければならないことは、寄り添ってよいのは子どもの心情です。不適切な行動にまで寄り添ってしまうと、それは甘やかしになります。不適切な行動の容認は誤学習につながるため、子どもの話に耳を傾ける余裕と、不適切な行動の理由や背景に目を向ける姿勢が大切になります。

　通常の学級には30名前後の子どもが在籍しています。学級担任が子どもと1対1でじっくりと話をする機会をつくるのは大変なことです。通級指導教室では、毎週、必ず子どもと個別に対応する時間が保障されます。第Ⅰ章でも触れたように、この機会を有効に活用します。

③優先課題を絞り込んで

　個別学習で指導しても行動が改善できなかったり、学習が身につかなかったりする場合は、

優先目標や手だてが適切かどうかの見直しが必要です。文字が読めない子どもに文章で示したり、繰り返しの書き練習で漢字が覚えられない子どもに 100 回書かせたりしても、効果はありません。逆に、子どもを追い込むことになりかねません。「もしかしたら、うまく読めていないのかもしれない……」というつまずきの原因を見立て、それに対して子どもの得意な力を使った方法で支援します。その見立てが難しい場合は、遠慮なく先輩教師や特別支援学校のコーディネーター、教育委員会・センターの指導主事を頼ります。**頼ることも責任ある姿勢**です。

　通級指導教室では、限られた時間しかありません。子どもの優先課題を絞り込み、スモールステップで課題解決に向かいます。本章では様々な方法を提案しています。

（2）指導内容を設定するポイント

①生活習慣の定着とそれに必要な技術の向上

　『持ち物の管理』『準備・片づけ』『係活動』『掃除』『給食』等、生活の流れに沿って行動することが難しい子どもがいます。「わかっていないためにできない」「技術が伴わずできない」などが考えられるため、やり方や手順の理解、できるために必要な技術の向上を目指します。また、集団の流れにそって行動できるための手だてを講じて、学級での般化を目指します。

②集団活動でのルールやマナー等の理解

　学校で実際にあった問題行動やエピソード（もしくはそれに類似した行動・場面）を踏まえて、予測されるつまずきをテーマにします。場に応じた望ましい人との関わり方、自己コントロール力の向上等、ルールやマナーを含む社会性の向上を図ります。

③生きる力につながる基礎学力の定着

　コミュニケーションや対人関係の基盤となる言語理解や表出言語力の向上、読み書き指導、計算、時計、お金の計算、身近な単位等、子どもに合ったやり方やペースで学習支援を行います。なお、本書では「社会性の指導」に焦点を当てるため、学習障害による読み書き支援等は取り上げません。

④在籍学級での適応行動をより高めるための連携支援

　通級指導教室の最終目的は、その子どもの在籍学級での過ごしやすさと学びやすさを高めることにあります。すなわち、通級指導教室で学んだことが効果的に在籍学級に般化される必要があります。在籍学級、保護者とも連携して「がんばり表」とご褒美を用意して、適切な行動の定着を図ります。

（3）「学習シート」の活用と工夫

　ここでは、上記の指導内容を踏まえた学習シートを紹介します。子どもにとってわかりやすく、興味関心をもって取り組める工夫をします。学習シートは、子どもの様子に応じて使い分けることになります。本書の付録 CD-ROM には 274 枚の学習シートが掲載されています。以下、学習シートのいつくかを例に挙げ、その目的や活用方法のポイントを検討します。

〈活用例1〉 つまずいた場面やそれを予測できる場面の学習

　子どものつまずく場面やその原因は様々です。担当する子どものつまずいた場面やそれに類似した場面を取り上げた学習シートを作成することで、よりリアルで効果的な支援につなげることができます。取り上げる学習シートの場面はあくまでも例です。そのまま活用することももちろん可能ですが、子どもの様子に応じてオリジナルシートに発展させてください。

1　1番になりたい・勝ち負け・完璧へのこだわり　　低・中・高学年

　つまずく理由は人それぞれです。その理由に合わせて学習を進めます。理由が明らかでないときは、下記のように質問形式のシートを活用するとよいでしょう。

100点とまちがい直しは同じくらい大事

テストやれんしゅうもんだいでは、だれもがまちがえることがあります。
まちがえないで、いつも100点…という人は、ほとんどいません。
_____くんは、まちがえることが　大きらい。100点がとれないと、テストをまるめて投げ捨[て]
しまうことがあります。　なぜですか？

1．テストで100点がとれないと、どんな気持ちになりますか？

2．それは、なぜですか？

3．あなたのまわりの友だちに　まちがえている人はいますか？　　（　　いる　　　いない

4．その友だちは、まちがえたときに　どうしていますか？

　テストは、勉強したことがわかっているかどうかをたしかめるためにおこなうものです。また、練習問題（ドリルも）は、勉強したことが、かくじつにできるように、またわかるようになるために、くり返しおこなうものです。
　どちらも　勉強をするうえで、とても大切なことです。
　あなたは、答えをまちがえるとイライラしてしまいます。でも、イライラしたことで、『まちがいなおし』をしないとどうなるでしょう。
　せっかく勉強したのに、まちがいを直さないと、いつまでたってもわからないまま、できないままです。「まちがえる」ことによって、自分の苦手な勉強を知り、「まちがいを直す」ことによって、習った勉強がしっかりとみにつくのです。
　このように、だれもがまちがえることによって、いろいろなことができるようになり、わかるようになります。
　「まちがえる」ことはいけないことではなく、「まちがい」を直さないことがいけないことなのです。
　だから、イライラしないで、まちがい直しができるようにがんばりましょう。

5．あなたは、テストや練習問題をまちがえたときにどうしたらよいですか？

　　　①まるめてなげる　②やぶく　③かってに○をつける　④なおす

　　　　　　　　　　　　こたえ　○　④　　　×　①②③

　先生がテストの点数のわきに　[　]　のわくを書きます。これに、まちがい直しができたかどうかの点数を書きます。直せたら学習のルールが守れたので、100点です。テストの点数の100点もまちがい直しの100点も同じくらいにすばらしいので、ちょうせんしてみましょう。

学習シートの活用　付録 CD-ROM

1．つまずいた場面やそれを予測できる場面の学習
> 1　1番になりたい・勝ち負け・完璧へのこだわり
> 1-01　100点とまちがい直しは同じくらい大事

これは自由記述が得意な子どもの例です。子どもによっては、いくつか例示を出して選べるようにすることも効果的です。

100点にこだわる子どもにはテストの点数の枠の近くに、間違い直し用の点数を書く欄を設けます。何事にも100点をとりたい気持ちを活かして、この欄への100点にも、良い意味で、こだわるようにします。

2　イライラ

　イライラしやすい子どもは、実は真面目でがんばり屋です。しかし、それだけに対人面においても行動面においても自分の思い通りに物事が進まないと、イライラしてしまいます。イライラする態度は、周囲に不快感を与えます。そのため、教師もそのような態度につい注目してしまいます。

　誰だってイライラするもの。イライラしているときに、「なんでそんなにいらつくの？」と言われたらどうでしょう？　もっとイライラするはずです。そこで、イライラのコントロールについては、「イライラすることは仕方がないこと」を前提に、「イライラしたら、できるだけ早く気持ちを切り替えることが大事」ということを教えます。その上で、①イライラした姿をクラスの友達に見せないこと、②教室から出て決められた場所で気持ちを切り替えること、③落ち着いたら、先生と振り返り、自分のいけなかったことを謝ることを教えていきます。

　イライラにも必ず原因があります。その原因にどう対応するのか－それを学習しなければ、同じ場面でのイライラを繰り返します。イライラしないための学習とイライラしてしまったときの対応は分けて考えます。

　以下は、長文ですが、大変効果的な学習シートです。イラストでイメージをもちやすくして、ルールや約束事も文章で具体的に示します。つまり、「見える化」するのです。

イライラのコントロール大作戦！

　学校は、あなたが大人になって、自分の力で生活できるようになるために必要なことを教えてくれるところです。子供にとって学校の勉強はとても大切なので、小学校6年生までに習うことは必ず勉強しなければなりません。

　しかし、あなたは教室にいるとすぐにイライラしてしまいます。イライラしたままで勉強をした場合、頭の中は、イライラ虫でいっぱいになるので何も身につきません。なので、頭の中からまずはイライラ虫を追い出さなければなりません。

　イライラ虫を追い出すと、頭の中がすっきりします。そのため、集中力も高くなり、勉強がはかどります。

　では、あなたは、どうやってイライラ虫を退治しますか？
　教室の中で、イライラした姿をみんなに見せてしまうことは絶対にしてはいけません。友だちは、「またイライラしている。嫌だな～」と不快感を持ちます。このような気持ちを友だちが繰り返し持つことで、友だちはあなたのことを『嫌な人』と思うようになります。友だち関係を保つためには、イライラした姿を見せないように、教室から出て気持ちを落ち着かせることが大切です。

（吹き出し）なんだよ～。またか…そのくらいでイラつくなよ。こっちまで嫌な気持ちになるよ。

（吹き出し）どうしてあげたらいいの…。いつも心配しなければならないから疲れる。

（吹き出し）うるせぇな～！

（吹き出し）…（関わりたくない）

　でも、今は授業中。気持ちをできるだけ早く落ち着かせないと、勉強がどんどん遅れてしまいます。どうしよう…？

学習シートの活用
付録 CD-ROM

1. つまずいた場面やそれを予測できる場面の学習
　＞　2　イライラ
　＞　2-03　イライラのコントロール大作戦！

教室から出ることを拒む子どももいます。しかし、「気持ちのリセット」のためには、むしろ「教室を出る」方がよいことをていねいに教えます。

そこで、イライラしたときにうまく対応する作戦を考えました！！！

1．イライラしたときに教室を出るタイミング
　イライラしそうになったら教室を出る。その方が、イライラ虫が増える前に追い出すことができる。

追い出し
やすい

追い出すのが
たいへん！

> このような状態になると、教室で大きな声を出してしまったり、文句がとまらなくなったりしてしまう。

> このようなイラストによる「イメージ化」「見える化」はとても効果的です。

☆落ち着きカードを机の上に出してから、教室を出よう。（先生や友だちが心配するから）
※イライラがおさまるまでは、○○先生（支援員）はろうかで待っています。落ち着いたら呼びに行こう。

2．気落ちを落ち着かせる場所
①学年活動室
　イライラしたとき　→女の子の着替えがあるときは、女の子優先〈6年生全員の場所なので〉
②通級指導教室
　イライラが強く、学年室では、気持ちを落ち着かせることが難しい場合
③職員室
　通級指導教室が使えないときで、誰かに話を聞いてほしいとき

> 支援員：地域によって様々ですが、担任のサポートをするために支援を要する児童につく先生のことです。

3．離室先での対応
①授業中は勉強をする時間です。自分ができる勉強をします。

レベル金	教室の中でイライラせずに解決できる。	→ すべての時間を教室で勉強
レベル銀	気持ちが落ちついたら、できるだけ早く教室に戻る。	→ 戻った後、教室で勉強
レベル銅	気持ちが落ち着いたら、離室先の場所（学年室・通級指導教室等）で勉強をする。	→ 離室先で勉強
レベル青	気持ちが落ち着かないので、その場で好きなことをして気持ちを落ち着かせる	→ 勉強なし

レベル青の場合・・・取り組めなかった学習は必ずどこかで勉強しなければなりません。家庭学習でわかるまで勉強します。
レベル銅の場合・・・その時間で習う勉強がわかることが大事です。『ノートなどにまとめる』『教科書を読んで大事なところに線を引く』『ドリルやプリントを行う』など、取り組める学習を行います。
レベル銀の場合・・・教室に戻ったら、みんなと同じ勉強をします。教室から出ている間の勉強は、家で勉強します。
レベル金の場合・・・問題なし！！！

> 日課表にシールを貼っていくと、頑張り（評価）が見てわかるため、意欲向上につながります。

> イライラしているときは、教師に離室の許可を得るような余裕がありません。そこで、「落ち着きカード」を子どもに預けておき、気持ちを切り替えるために離室する際は机上に出していくことをあらかじめ約束します。

【表】

落ち着きカード

イライラするので、気持ちを切り替えるために、学年室（通級指導教室）に行ってきます。

【裏】

〈落ち着きカードを使うときのルール〉
1．イライラが強くて、先生に言葉で伝えられないときは、このカードを机の上に出してから、教室を出る。
2．学年室では、決められたスペースで過ごす。
3．気持ちを切り替えるために教室を出たので、できるだけ早く気持ちを切り替えるためにタイマーで時間を決める。（その時間で気持ちを切り替えられないときは延長する）
4．気持ちが切り替わったら、自分から教室に戻る。
　そのとき、机の上を元通りに片づける。
5．教室に戻ったら、みんなと同じ勉強をする。
6．自分にいけないところがあったときは、授業が終わったら、友だちや先生にあやまる。
　※みんなの部屋なので、だれかが教室に入ってくることがあります。

学習シートの活用
付録 CD-ROM

1．つまずいた場面やそれを予測できる場面の学習
> 2　イライラ
> 2-06　落ち着きカード

②気持ちを落ち着かせるための方法　〜学年活動室〜

　できるだけ早く気持ちを落ち着かせるためであれば、授業中ですが、自分の好きなことをすることを許される場合があります。(特別なことなので、周囲の友だちの理解が必要です。「△△くんは、いいな」と思う人もいるからです)

　あなたは、できるだけ早く気持ちを落ち着かせるという目的で、学年活動室の使用と、絵を描く、工作、折り紙等が許されています。

　これは特別なことなので、あなたはルールを守って行わなければなりません。

〈ルール〉
・決められた場所で過ごす。(△△くん用の机で)
・使用後は片づける。(ゴミを捨てる・机の上の物はすべて引き出しの中に入れる)
・気持ちが落ち着いて、『教室で勉強ががんばれそうだ』と思ったら教室に戻る。
・離室は、1時間単位。必ず、休み時間に1度教室に戻る。

③気持ちを落ち着かせるための方法　〜通級指導教室〜

　イライラが強く、学年室では気持ちが落ち着かせられない・・・と思ったときに、通級指導教室で気持ちを落ち着かせることができます。

　通級指導教室では、とくにあなたがやりたいと思っているパソコンの利用も許可しています。しかし、パソコンは先生が仕事をするときに使うものなので、本来なら、とてもがんばったときにのみ、ごほうびとして使えるものです。なので、あなたがイライラを落ち着かせるために使えるのは本当に特別なことなのです。

　そのため、パソコンの使用にもルールがあります。それを守って使いましょう。

〈ルール〉
・イライラが強く、できるだけ早く気持ちを落ち着けることが難しいときに使用できる。その際は、「気持ちを落ち着かせるためにパソコンをしてもいいですか?」などと先生に言う。
・気持ちが落ち着いたら終わりにし、自分のできる学習を行う。
・パソコンによってイライラするのであれば、意味がないので、パソコンを使わないで気持ちを切り替える方法に変える。
・印刷をするときは、先生の許可をもらう。
・パソコンをしても、気持ちのコントロールができるだけ早くできない場合は、パソコンという特別な方法は使えなくなる。(15分までを目安にしよう)
・通級指導教室の使用は、その授業時間内。必ず、休み時間に1度教室に戻る。

※教室、または学年活動室で勉強ができたときは、休み時間に通級指導教室でパソコンができる。
　金・銀・銅を目指そう!
☆週プロ(毎週出される日課予定表)にシールを貼っていきます。どのシールが貼れるかは、先生が決めます。
　シールの貼ってある週プロをもって通級指導教室に来ます。先生にあなたのがんばりが伝わります。うまくできなくても、先生と相談ができるので安心してください。
※通級指導教室の学習のときにもできる。(△△くんが、約束を守ってがんばっているから)

> あくまでも別室の利用は気持ちを切り替えるためです。イライラが収まったのに、そこに居続けたり、気持ちを切り替えるためにやる特別なことに、夢中になりすぎてやめられなくなったりしたのでは意味がありません。そのため、ルールは明確に決めます。

④通級指導教室が使える時間

	月	火	水	木	金
1	×	×	△(指導中)	△(指導中)	○
2	×	×	×	△(指導中)	○
業間休み	×	○	×	○	○
3	○	○	○	○	○
4	○	○	○	○	○
昼休み	○	○	○	○	×
5	△(指導中)	×	○	△△くん指導	×
6	△(指導中)	×	○	△△くん指導	×

※×・△は、指導中です。通級指導教室の先生たちは対応できません。他の場所では、どうしても解決できないときだけ使用します。
※水曜日の午後は、先生たちが出張でいないため、使えないこともあります。
※金曜日は、＿＿先生(担当)がいません。他の先生はお仕事をしているので、自分でできることをして過ごします。

> 気持ちを切り替えるための場所の使用状況を示しておくことで、子どもは安心して場所を選ぶことができます。

⑤その他の注意

・イライラした気持ちを切り替えるためにお絵かきや工作、パソコンができますが、ついそれらに夢中になりすぎて、気持ちが落ち着いてもやり続けてしまうことがあると思います。しかし、学校は集団で行動する場所です。決められた時間内で、すべきことをしなければなりません。気持ちが落ち着いたら、きりのよいところで、自分のすべき行動(教室に戻る・勉強を始めるなど)に切り替えましょう。

・〇〇先生(支援員)は△△君が教室でがんばるためにお手伝いをしてくれる先生です。△△君ががんばりやすいように助けてくれるので、『何を』『どのように』『どうしてほしいか』を落ち着いた口調で伝え、お願いしましょう。

・イライラには必ず原因があります。納得できないときは、先生に相談して解決しましょう。納得がいかないままにしておくと、またすぐにイライラしていまいます。

> これらの確認は落ち着いているときに行いましょう。

　仮に、授業中のおしゃべりを減らすという目標を掲げても、本人が「別にいいよ。おしゃべりを止めても、おれは集中できないから（先生の）話は聞けない」などと言うかもしれません。

　このような場合は、本人が納得する「目的・必要性」が不可欠です。この子どもは、私立中学校入学希望でした。そのため、「私立中学校に入る」ことを目的とする学習シートを作成します。

　中学校でリセットしたいと考えている子どもは多くいるのです。

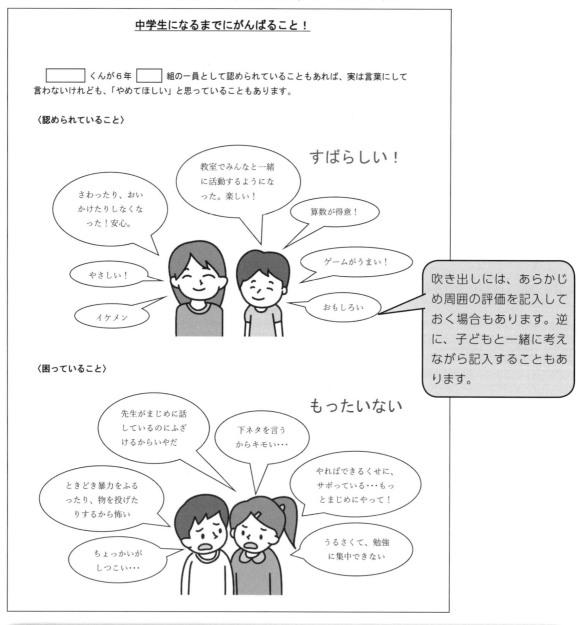

学習シートの活用
付録 CD-ROM

1. つまずいた場面やそれを予測できる場面の学習
> 18　授業中
> 18-15　中学生になるまでにがんばること！

　　　　　□□□くんに、一番がんばってほしいことは、授業中のおしゃべりをなくすことです。
せっかく、認められていることがたくさんあるのに、みんなに迷惑をかけていることが多いと、友
だちは、□□□くんのことを「いいやつ！」ではなく、「めんどうくさいから、て
きとうにかかわっておけばいいやつ」になってしまいます。

　　とくに私立中学校で、絶対に許されないことは、次のことです。

　　　①授業妨害（おしゃべりや、先生へのからかいやヤジなどもふくむ）

　　　②先生に暴力をふるう

　　　③友達に怪我をさせる

　　せっかく、受験のテストでよい結果が出せても、態度面で不合格になってしまってはもったいな
い。

　　まずは、得意な＿＿＿＿＿の時間から『おしゃべり０』を目指してみましょう。

> この対応は排除ではありません。自分も友達もがんばりやすくするための方法であることを伝えます。
> 教師が把握できて、本人が落ち着く場所を別室とします。

　　先生が□□□くんの授業中の態度に対して、
授業妨害だと判断した場合は、注意をします。みん
なの勉強のじゃまになるので、注意３回で（２回ま
ではセーフ）、□□□くんは、□□組では勉
強できなくなります。そのようなときは、通級指導
教室で□□□くんの勉強をします。
　　教科書、ノート、ドリル、筆箱を持って来てください。

> 授業態度は先生が評価するもの。自分はそんなことはしていないと主張しても、先生が迷惑だと判断したら、それは授業妨害になる。

> 注意する際に、「注意１回目」「注意２回目」と伝えてあげるとコントロールしやすくなります。

　　「みんなもしゃべっているからいいじゃん。なんでおれだけ…」と思うかもしれません。おしゃ
べりをしている人は後から自分が困るだけです。□□□くんは、自分のことをすればよいので
す。

　　　□□□先生（担任の先生）も、□□□先生（通級の先生）も、□□□くんががんばっ
ていることをよくわかっています。がんばっている□□□くんだからこそ、期待したい！
　　難しければ、いつでも相談にのります。

〈活用例2〉 日常生活習慣・基本的な行動・やりとりの学習

1 どうなるでしょう?

低学年

　経験を意味づけることが苦手な子どもは、原因と結果の関係性をとらえたり、知っている知識から想像して物事を考えたりすることが苦手です。

　そこで、日常生活でよく見られる事柄、つまずきや失敗の場面を取り出して生活の中で使える知識として教えていきます。それにより、失敗経験を少しでも減らします。そのためには、在籍学級担任や保護者との日常の情報共有も鍵になります。

ソーシャルスキル①

★どうなるでしょう?　　こたえをえらんで、○をつけよう。

　　　　　　　　　　　　　　　　　　　　　　　　　　　　　□　点

１．なま卵をおとしたら、どうなる?

　①コロコロと、ころがる。　　　②われて、やわらかい中みが　出る。
　③ひびが、はいる。

２．ナイフでゆびを　きったら、どうなる?

　①血が出る。　　②しぬ。　　③きれない。

３．花に水をあげないと、どうなる?

　①花の色が、かわる。　　②かれる。　　③花が、つぎつぎと　さく。

４．かぼちゃのたねを　はたけにまいたら、どうなる?

　①土の中でたねが、大きくそだつ。　　②つぼみが、でる。　　③めが、出る。

５．えんぴつの字を　けしゴムでこすったら、どうなる?

　①かみが、やぶれる。　　②けしゴムに　字がうつる。　　③字が、きえる。

６．水をやかんに入れて、火にかけたら、どうなる?

　①お湯になる。　　②火事になる。　　③水のままで　かわらない。

７．はれた日に、ぬれたものをほしたら、どうなる?

　①ぬれたまま。　　②かわく。　　③いいにおいがする。

８．火をつけて　紙をもやしたら、どうなる?

　①なくなる。　　②紙がもえる。　　③紙が　あたたかくなる。

９．こおりが　とけたら、どうなる?

　①きえる。　　②水になる。　　②こおりが、あたたかくなる。

１０．まどガラスに石をぶつけたら、どうなる?

　①ガラスの中に石が入る。　　②石がわれる。　　③ガラスがわれる。

> 生卵を落とすと割れることがわかれば、扱いに気をつけることができます。わからないままだと、調理で使うたった1個の卵を割ってしまうかもしれません。

> 間違えたものについては、家庭と連携します。実際の経験を通して理解度を高めます。

学習シートの活用
付録 CD-ROM

2．日常生活習慣・基本的な
行動・やりとりの学習
> 　1　どうなるでしょう?
> 　1-02　どうなるでしょう?①

2　なんと言えばいいかな？　　　　　低学年

　場に応じた言葉の使い方を学ぶシートです。答え合わせをしたら、子どもと教師とで実際の場面を想定してやりとりする練習（ロールプレイ）をすると、より効果的です。

なんと言えばいいかな？①

なんと言_いえばいいかな？

1．朝、学校の　ろうかで、校長先生に　会ったとき

2．ともだちに　「たんじょうび　おめでとう」と、言われたとき

3．おなかが　いたくて、がまんが　できないとき

4．先生に　ようじがあって、しょくいんしつに　入るとき

5．げたばこで　ともだちに　ぶつかってしまったとき

> 「何で大人はわからないことをわかれって言うの？」と言った子どもがいました。わからないことを、いつまでも考えさせるのは意味のないことです。すぐに答えを教え、それを覚えることに力を注ぐことも大切です。

> このような自由記述形式が得意な子どももいれば、いくつかの選択肢を用意して選べる形式からスタートする方がうまくいく子どももいます。

学習シートの活用
付録 CD-ROM

2．日常生活習慣・基本的な行動・やりとりの学習
> 　2　なんと言えばいいかな？
> 　2-01　なんと言えばいいかな？①

3 どうすればよいでしょう?

場に応じた行動の仕方を学ぶシートです。

子どもが、問題の場面をうまく想像できないときは、簡単なイラストを描いてあげるとわかりやすくなります。

どうすればよいでしょう?①

どうすればよいでしょう?

1. ともだちの ふでばこを おとしてしまったので こわれてしまいました。

どうしますか?

2. かえりみち、水たまりで ころんで しまいました。どうしますか?

3. 天気よほうで 「きょうの ひるごろから 雨がふるでしょう」と 言っていました。あなたは、いまから 出かけます。どうしますか?

4. のどが かわいたとき、あなたは、どうしますか?

答えは、1つではありません。問題の意図することが、子どものとらえ方と異なることがあります。そのようなときは、子どもの考えを否定せずに受け止め、その上で望ましい行動を教えましょう。

「書く」ことが苦手な子どももいます。その際には、「話して答える」のもOKです。また、「読む」ことが苦手ならば、読み上げましょう。

ここでの学習のポイントは読み書きではありません。

なお、このような配慮は、この学習シートに限ったことではなく、通級指導教室のすべての場面で大切にします。

学習シートの活用
付録 CD-ROM

2. 日常生活習慣・基本的な行動・やりとりの学習
> 3 どうすればよいでしょう?
> 3-01 どうすればよいでしょう?①

4 様子をとらえて考えよう　　　　低・中学年

日常生活でよく見かける場面や生活習慣についての行動の意味を学習するシートです。

子どもたちの中には、自己流のルールや考え方で行動していることがあります。物事本来の意味を教え、確認することで、学校生活へのよりよい適応を支援します。

〈様子をとらえて考えよう①〉

1. なにを　しているかな？

2. なぜ、やるのでしょうか？

3. やると　どうなるでしょう？

　手洗いは、手についているばい菌を洗い流すために行うものです。なので、水でぬらすだけの洗い方では、ばい菌は落ちていません。

　せっけんをつけて、指の間、手のこう、つめの間まできれいに洗います。

　洗ったのに、まだ手に汚れがついている場合は、洗い方がたりないということなので、友達や先生、おうちの人は「手をちゃんと洗ってきなさい」と注意することもあります。

4. ばい菌が体の中に入ると、どうなりますか？

　元気で、けんこうな体をたもつためには、手洗いはとっても大切な予防方法です。

> 2と3に同じ答えを書くことがあります。
> (例：2. きれにするため、3. きれいになる)
> このようなときは、すぐに直させずに、答えの文を確認してから一緒に整理するとよいでしょう。

学習シートの活用
付録 CD-ROM

2．日常生活習慣・基本的な行動・やりとりの学習
　＞　4　様子をとらえて考えよう
　＞　4-01　様子をとらえて考えよう①

〈活用例3〉場に応じた対応・暗黙のルール・コミュニケーションの学習

1 状況を読み取ろう！ 　　　　　低・中学年

　絵カードを見て、状況認知と他者の気持ちを理解し、場に応じた対応法を学習するシートです。
　絵カードの読み取りが苦手な（視覚認知に苦手さをもつ）子どもには、ていねいに解説しながらすすめましょう。

「表情カード」*を貼ります。何種類か用意しておき、ふさわしいものを選択させます。

*「表情カード」はCD-ROM に 10シート収録されています。

〈状況を読み取ろう！①〉

1. ここは、どこでしょう？

2. AくんとBくんはどんな気持ちでしょう？

| Aくん（表情カード） | Bくん（表情カード） |

3. Bくんは、なんと言ったのでしょう？
　ふき出しの中に言葉をかきましょう。

4. Bくんの点数は、Aくんの点数より高いでしょうか、ひくいでしょうか？

　　　　高い　　　ひくい

5. □の中に言葉をいれましょう。　※□の中には同じ言葉が入ります。

　　テストの点数が高い人がひくい人に、自分の点数をおしえると、「あいつは、おれより点数がよいからって、[　　　　]している」とおもわれることがあります。
　　なので、テストの点数については、人に聞かれたときいがいは、人に教えないほうがうまくいくものです。

　　[　　　　]の意味・・・自分で、『自分はすごい』ということを、人につたえること。

え～85 点なんだ

Aくん　　　　Bくん

□の中に適切な言葉を入れることで、この学習がわかったかどうかの確認ができます。少し難しいので、「この問題は難しいよ。なかなかできる人はいないよ」などと、プライドをくすぐるような声かけをすると、子どもは「本当？ 難しいの？」と言って張り切って取り組みます。

「表情カード」の例

学習シートの活用
付録 CD-ROM

1. つまずいた場面やそれを予測できる場面の学習
　> 　4　コミュニケーション支援
　> 　4-18　自慢

表情カード

24

2　どんなお話？　　　　　　　　　　　　中・高学年

　登場人物が３人以上になるため、関係性が複雑になります。状況に応じて立場が変わるため
その時々の登場人物の考えや気持ちを推測する必要があり、難易度は上がります。

＊お話①＊「お出かけって楽しいけれど…」

　さとしくんは、お出かけが大好き。
　ある日、おばあちゃんが、さとしくんが行きたがっていた水族館へ連れて行って
くれることになりました。
　さとしくんは、大喜びでおばあちゃんといっしょに水族館へ行きました。さと
しくんは、水族館のすみからすみまで歩いて回り、マンタやクラゲ、熱帯魚など
のたくさんの魚を見て大満足で帰りました。
　次の日、お母さんに「きのうは、たくさん歩いたから足がつかれた。歩けない
から、学校に行けない」と言いました。

１、問題に答えよう。
①さとしくんは、水族館に行きたかったのですか？
　　A、行きたかった。
　　B、行きたくなかった。
　　C、さそわれたから、仕方がなく行った。

②さとしくんは、どのような気持ちで水族館へ行きましたか？

③おばあちゃんは、どのような気持ちでさとしくんを連れて行きましたか？

④家に着いた後のさとしくんとお母さんの会話を書きましょう。

---

⑤さとしくんは、水族館へ行ってよかったと思いましたか？
　　A、行けてよかったと思った。
　　B、行かなければよかったと思った。

⑤次の日、さとしくんは「きのうは、たくさん歩いたから足がつかれた。歩けな
いから、学校に行けない」と言いました。どんな気持ちでしたか？

⑥水族館に連れて行ったおばあちゃんは、さとしくんの気持ちを知ったら、何と
思いますか？

つかれたな〜

⑦さとしくんは、どうすればよかったのでしょう？

　お出かけをしてつかれてしまうのは、仕方がないこと。それよりも楽しい経
験ができたことは、さとしくんにとってよかったことのはず。
　１、「水族館へ行けたから、つかれた」２、「水族館へ行かなかったから、つ
かれなかった」あなたならどちらを選ぶ？
　水族館へ行くことを選んだのなら、後のことに文句を言っても仕方のないこ
と。それよりも、連れて行ってくれたおばあちゃんにお礼の言葉を言おう。
まごが喜んでくれたとわかれば、きっと、またどこかへ連れて行ってくれるよ。
　また、「人に何かをしてもらったときはお礼を言う」これは、とても大切なマ
ナーです。

話をよく読んでから始めます。子どもがふさわしくない
解答を書いた場合は、状況を理解できているか再度確認
する必要があります。

学習シートの活用
付録 CD-ROM

3．場に応じた対応・暗黙のルール・
　　コミュニケーションの学習
　＞　1　どんなお話？
　＞　1-01　お出かけって楽しいけれど…

3 あなたならどうする？

　時と場合によって、対応方法は変わります。状況に応じた対応方法や、暗黙のルール、暗黙の了解を学習するシートです。答えが選択できるので、中学年の子どもでも取り組めます。

〈あなたならどうする？①〉

☆あてはまる番号に〇をつけましょう。

> 答えは１つ〜２つです。１つとは限らないことを伝えておくと考えやすくなります。

「明日は、記念式典だから、校帽だけで、手ぶらでいいよ」と先生が言った。校帽をかぶって、何も持たずにでかけようとしたら、お母さんが「ハンカチとティッシュは持ったの？」と言った。あなたならどうする？

１．先生が『校帽だけで、手ぶらでよい』と言ったのだから、ハンカチとティッシュは持って行かない。

２．どうせ、ハンカチもティッシュも使わないから、持って行かない。

３．先生は言わなかったけれども、ハンカチとティッシュは毎日持って行くものだから、ポケットに入れて持っていく。

４．お母さんが言ったから持っていく。

> 答えが見えないように、シートを折り込んでおきます。

＜答え＞　３

　ハンカチがないと、手を洗ったときにこまります。ティッシュがないと、鼻水が出たときなどにこまります。もしもの場合にそなえて、ハンカチやティッシュを持っていることはマナーなので、先生が言わなくてもポケットまたはかばんに入れておきましょう。

今日は朝ごはんが少なかったから、とてもおなかがすいた。休み時間に「おなかがすいたな」とＡくんに言うと、「ジャンパーのポケットにあめが入っていたから、いっしょに食べようよ？」とさそわれた。

１．学校で食べるために持ってきたのではなく、うっかりポケットから出し忘れていたあめだから、１個くらいなら食べてもよい。

２．おなかがすいていると、勉強に集中できないからよい。

３．友達が親切でくれたあめなのだから、もらったほうがよい。

４．学校におかしを持ってきてはいけないルールだから、ことわる。

５．先生に「Ａくんがあめを持ってきています」と言う。

＜答え＞　４

　どんな理由があっても、学校でおかしを食べてはいけません。

　ポケットにぐうぜん入っていた場合でも、そのままポケットに入れて持ち帰ります。自分が持ってきたわけではなくても、いっしょに食べてしまったなら、それはルール違反です。

　先生に見つかる、見つからないに関係なく、学校のルールは守ります。

学習シートの活用
付録 CD-ROM

3．場に応じた対応・暗黙のルール・コミュニケーションの学習
　＞　2　あなたならどうする？
　＞　2-01　あなたならどうする？①

4 OK 場面と NG 場面

中・高学年

　同じような行動でも状況によってはルールやマナー違反になることを学習するシートです。あえて、OK か NG という 2 択にすることで、考えやすくなります。また、「OK 場面」「NG 場面」というネーミングも大切です。様々な場面に出会ったときにも、OK 場面か NG 場面かを考えるきっかけになるからです。

ぶつかる（マナー違反と違法）

A

B

☆同じ行動でも、場に応じてよい場合と、悪い場合があります。
　次の絵のどちらがよくて、どちらが悪いかを選び、その理由を書きましょう。

　　Aは　マナー違反　違法
　　その理由は？

　　Bは　　マナー違反　違法
　　その理由は？

　　A　こんでいる場所で、注意をおこたって、人にぶつかってしまうのはマナー違反。
　気をつけて歩くようにしましょう。

　　B　わざと人にぶつかり、けがをさせるのは違法。
　　　　絶対にしくはいけないことです。

学習シートの
活用
付録 CD-ROM

3. 場に応じた対応・暗黙のルール・コミュニケーションの学習
　＞　3　OK場面とNG場面との対比
　＞　3-03　ぶつかる（マナー違反と違法）

5 これって常識？　非常識？　　　　　高学年

　状況に応じた物事の考え方や行動のとり方を、常識、非常識という２択の○×で問う学習シートです。クイズ形式になっているため、子どもは喜んで取り組みます。また、常識、非常識が正しく判断できても、その理由を間違えていることもあります。答え合わせのときに○×の理由を確認します。子どもによっては、理由を答えたがらなかったり、教師の説明を受け入れなかったりすることもあります。CD-ROM には解説がついているので、それを活用しながら確認してください。読んで理解することで、子どもは受け入れやすくなります。

＜これって常識？　非常識？　①＞

問題　よい行動には○を、よくない行動には×を番号に書きましょう。

1．友だちの着ている服が、にあっていなかったので、「その服、にあっていないよ」と教えてあげた。

2．友だちのくつひもが、ほどけていたので、「くつひもが、ほどけているよ」と教えてあげた。

3．友だちの顔に土がついていたので、ハンカチでふいてあげた。

> 実際にやってみせると、嫌な気持ちになることがわかります。

4．友だちの持っている消しゴムは、自分の消しゴムよりもよく消えないので、「この消しゴムはよく消えるから、駅前のスーパーで買うといいよ」と教えてあげた。

5．同じクラスのAさんは、とても背が低いので、心の中で「チビだな〜」と思った。

> 問題は意図的に並べられています。物事の考え方がわかると、それを応用して考えられるようになるため、間違いが少しずつ減っていきます。

6．友だちの家で夕飯をごちそうになったとき、とても熱くて飲めそうにないスープが出たので、「これは熱すぎて飲めませんよ。もう少しぬるい方がいいですよ」と教えてあげた。

7．友だちの家にしぼみかけたビーチボールがあったので、ふくらませてあげた。

8．水着に着替える時に、友だちの背中に大きなほくろがあるのが見えたので、きっと知らないだろうと思って「背中に大きなほくろがあるよ」と教えてあげた。

9．友だちのコップの中のジュースが空っぽだったので、自分のコップに入っているジュースを入れてあげた。

10．お父さんの誕生日に、家族でお父さんをおどろかせようと思い、こっそりとケーキを作った。

ワークシートの活用
付録 CD-ROM

3．場に応じた対応・暗黙のルール・コミュニケーションの学習
> 4　これって常識？非常識？（解説付き）
> 4-01　これって常識？非常識？①、4-02 ①解説

6 心情の読み取り

　人によってとらえ方、考え方、気持ちは様々であるということを前提に、言葉の裏側にある意味や思いを推測する学習シートです。

　様々な考え方があるはずです。子どもの考えを尊重しながら進めましょう。

<心情の読み取り①>

問題　何と思ったか、それぞれのふき出しに３つ以上書きましょう。

ぼくの宝物の石を見て、「だっせぇ〜、こんな石どこにでもあるよ〜」と言った。

だっせぇ〜、こんな石
どこにでもあるよ〜

吹き出しを活用することで、本来は「見えない気持ち」を見える化します。

わからないときは、答えを確認しながら説明します。子どもが「なるほど〜」とわかれば OK です。

答えが見えないように、シートを折り込んで使います。

考えられる相手の気持ち
1. どこにでもある、たいした石ではないと思って、ばかにしている。
2. 自分もほしい…と、うらやましく思っている。
3. 本当はよい石と思っているが、素直に認められない理由があって、反対のことを言っている。
4. 自慢されたと思って、いやな気持ちになっている。

学習シートの活用
付録 CD-ROM

3. 場に応じた対応・暗黙のルール・コミュニケーションの学習
> 5　心情の読み取り
> 5-01　心情の読み取り①

　ことわざや慣用句は、人の知恵を言葉に表したもので、昔から多くの人によって伝えられてきました。物事の考え方の良し悪しを、ことわざを通して整理することができます。

　子どものつまずきやつまずきそうな場面に対して、適したものを選んで使いましょう。

〈ことわざ〉

『さるも木からおちる』

【いみ】
　どんな　名人でも、しっぱいすることはある　というたとえ。

> 木のぼりがとくいなさるでも、ときには、木からすべりおちることがある、ということから

【つかいかた】
　チームで　1ばんキック力のある　けんじくんが、ペナルティーキックを　はずしてしまった。「さるも木からおちる」だよと、みんなではげました。

　あなたは、まちがえたり、うまくできなかったりすると、どのようになりますか？当てはまるものすべてに〇をつけよう。

> イライラする　　　かなしくなる　　　ふあんになる　　　ものにあたる
> おちつかなくなる　　　「まぁいいか、つぎはがんばろう」と思う
> 楽しくなる

　本当は、そのようなときは、どうしたらよいですか？

>

　だれでも、まちがえたり、うまくできなかったりすると、イライラするものです。でも、『さるも木からおちる』です。木のぼりが　とくいなさるだって、ときには　木からおちるものなので、あなたがしっぱいするのは　あたりまえ。
　そんなときは、先生に「どうやればよいのですか？」「教えてください」「手伝ってください」と言って、もう1度、ちょうせんすれば　よいのです。しっぱいしたからといって　あばれていても、うまくいくはずが　ありません。何もかわらないですよね。
　＿＿＿年生のあなたならできるはず。がんばろう！

　まちがえたり、失敗したときは、
　（〇をつけよう）　イライラしてきげんがわるくなる　　　もう1度ちょうせんする

学習シートの活用
付録 CD-ROM

3．場に応じた対応・暗黙のルール・コミュニケーションの学習
　＞　6　ことわざ・慣用句等
　＞　6-02　さるも木からおちる

（吹き出し）
シートの形式は様々です。子どもの様子に応じて、イラストが入ったことわざの本を併用すると、よりわかりやすくなります。

〈活用例4〉 コミュニケーションにつながる言葉の使い方の学習

1 わかりやすい話し方 ―自己チェックシート―　中・高学年

　スムーズなコミュニケーションを図るために必要な会話時のルールやマナーを他者評価も含めて評価します。他者評価があることで、自分では問題ないと思っていた課題に気づくことができます。課題が明らかになったら、一つひとつ取り上げて学習しましょう。

　意識してほしい目標を2つ3つ決めて、毎週、通級時に評価（在籍学級担任や保護者にも他者評価を依頼）します。定期的な評価があることで意識しやすくなり、改善につながりやすくなります。子どもに応じて活用の仕方を工夫しましょう。

話をするときのルールとマナーチェック表

★番号に〇をつけよう。
　1／当てはまる　2／当てはまることが多い　3／当てはまらないことが多い　4／当てはまらない

	内　　容	自分の評価	自分以外の人の評価
1	声が大きすぎたり、小さすぎたりする。（声の大きさの調整が苦手）	1　2　3　4	1　2　3　4
2	口調がはっきりとしていないので、聞き取りにくい。	1　2　3　4	1　2　3　4
3	話し方が早くて、聞き取りにくい。（早口）	1　2　3　4	1　2　3　4
4	すらすらと話ができない。（たどたどしい）	1　2　3　4	1　2　3　4
5	話す人の方を向いて話せない。（誰に話しかけているのか伝わらないことがある）	1　2　3　4	1　2　3　4
6	どのように話したらよいかわからないことがある。	1　2　3　4	1　2　3　4
7	「だれ（何）が」「だれ（何）は」等の主語を入れて話さないので、言いたいことが伝わらない。	1　2　3　4	1　2　3　4
8	「いつ」「どこで」「だれが」「なにを」「どのように」「どうした」などと、組み立てて話すことができない。（見たり聞いたりしたこと、実際に起きたことなどの事実の説明が苦手）	1　2　3　4	1　2　3　4
9	自分の考えや思いを相手にわかりやすく伝えられない。	1　2　3　4	1　2　3　4
10	人が話をしているときに、話に割りこんでしまうことがある。	1　2　3　4	1　2　3　4
11	いきなり自分の話したいことを話す。	1　2　3　4	1　2　3　4
12	人の話を聞かずに、自分ばかりが一方的に話し続ける。	1　2　3　4	1　2　3　4
13	相手の興味関心にかかわらず、自分の好きな話ばかりをすることがある。	1　2　3　4	1
14	話してはいけないとき（迷惑をかけてしまうとき）に、話しかけてしまうことがある。	1　2　3　4	1
15	相手が話を聞いてくれないと、おこってしまうことがある。	1　2　3　4	1
16	自分の意見と違う意見を言われると、受け入れられない。（意見を譲ったり、話し合いで決めたりすることができない）	1　2　3　4	1
17	話したい（伝えたい）と思ったときに、話さない（伝えない）と気がすまない。	1　2　3　4	1
18	話したいことをすぐに忘れてしまう。	1　2　3　4	1　2　3　4

> 家族や担任につけてもらいます。評価する人は、本人が受け入れやすい人がよいです。

※自己評価と他者評価を比較して、自己理解を促し、子どもと目標の設定をします。

学習シートの活用
付録 CD-ROM

4. コミュニケーションにつながる言葉の使い方の学習
> 1　わかりやすい話し方
> 1-06　話をするときのルールとマナーチェック表

　自分の言葉によって、他者がどのように思うかを推測しながら適切な言葉を考える学習シートです。自分の気持ちや考えがうまく伝えられるようになったら練習してみましょう。

〈相手の気持ちに合わせた言葉かけ①〉

吹き出しの中に適切な言葉をかきましょう。

1.「旅行に行ってきたんだ〜」と言って、おみやげのキーホルダーを見せてきた友だちに対して。

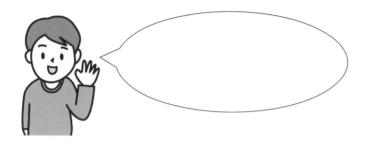

2.「うちのねこが赤ちゃんを産んだんだ」と言っている友だちに対して。

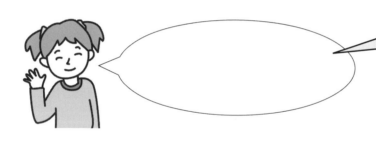

> 自分の意見や感想とともに、会話になるような言葉を入れることを条件に加えると、さらにコミュニケーションスキルを高めることができます。
> 例：「いいなぁ！」
> 　　「毛の色は何色なの？」など。

3. 足にほうたいを巻いて、つえをついていた友だちに対して。

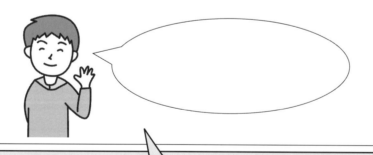

> 事実でも、言ってよいこととそうでないことがあります。また、言葉の使い方によって他者を不快にさせてしまうこともあります。他者の考えを聞くことで、自分以外の考え方を知ることができるので、友達や教師と一緒にやるのも効果的です。その際は、吹き出しを配布して、互いに書いたものを黒板に貼って比較して考えます。

学習シートの活用
付録 CD-ROM

4．コミュニケーションにつながる言葉の使い方の学習
> 　1　わかりやすい話し方
> 　1-09　相手の気持ちに合わせた言葉かけ①

3 伝えよう

中・高学年

　言語理解力が高くても、自分の伝えたいことを順序よく組み立てて話すことが苦手であったり、他者の気持ちや意図をくみ取れずに、何をどのように話したらよいかわからなかったりする子どもがいます。このような場合には、テーマを設けて話をする練習をしましょう。

　その際、教師が何を聞きたいと思っているのかを推測する練習を行い、確認後、いつ、どこで、だれが、何を、どうした等の話し方に沿って話すようにします。

　これを毎週1回繰り返すことで、話し方のコツがつかめるようになるので、話の内容を膨らませて話せるようになります。

運動会はどうだった？

『どうだった？』とは、何について先生は聞いているでしょう？

- 運動会のお天気
- がんばったこと
- くやしかったこと
- 楽しかったこと
- 騎馬戦のこと
- 組み体操のこと
- 運動会の係のこと
- 徒競走のこと
- 算数のこと
- 給食のこと
- 勝敗のこと

話そう！

「いつ」「だれが」「だれと」「なにを」「どのように」「どうした」「どう思った」など

> テーマは、1週間以内にあった出来事にする。

> 運動会に関係することとそうでないこと、関係するけれども話すほどのことではないこと等を入れて選択肢を挙げます。
> 選択肢には、ある程度傾向をもたせ、パターン化するとわかりやすくなります。
> （天気は、運動会に関係することですが、先生も知っていることなので×）

> 「いつ」「どこで」「だれが」「なにを」「どのように」「どうした」「どう思った」等が書かれたカードを作成して、ヒントカードとして机の上に並べておきます。子どもは、これを参考にしながら話を考えることができます。

学習シートの活用
付録 CD-ROM

4．コミュニケーションにつながる言葉の使い方の学習
> 　1　　わかりやすい話し方
> 　1-11　運動会はどうだった？

学校行事の後には、必ずと言ってよいほど作文や報告の機会があります。そこで、そのイベントを取り上げて、それに関係する事柄を抽出する連想ゲームをします。

まずは、テーマを決めて、子どもと教師と交互に連想する言葉を書き出していきます。子どもだけで展開すると、発想や語彙に偏りがみられます。教師が加わることで違った視点を知ることができるため、推測の幅が広がります。

ある程度書き出したら、そのテーマで作文を書きます。教師と行った連想ゲームの中に話題はたくさんあるので、子どもは書き出しと順番を整えるだけですらすらと書けるようになります。

語彙力があっても、それをうまく使えない子どもには、このような使い方の練習を行うことが大切です。

【例】テーマ『卒業式』

・6年生　・花　・体育館　・卒業証書
・さくら　・写真　・お母さん　・歌
・送る言葉　・ピアノ　・校長先生
・中学校　・なみだ…

この後に、卒業を祝う会のカード作りを行うと、このような取り組みが苦手だった子どもが、自分からピンクの画用紙を選んで、さくらのイラストを書き入れ、「卒業おめでとうございます」とメッセージを書くことができました！

冬休み明けの指導で、「お正月は何をしたの？」と聞くと、答えられずに困ってしまう子どもがいました。
よくよく聞いてみると、な、なんと、お正月は1月1日のことを指すと思っていたのです。その日は家にいたため、話すことがないと思い込み、固まっていました。
1月1日は『元旦』といい、一般的には1～3日ぐらいまでをお正月ということを教えると、安心して3日間での出来事を話し始めることができました。
このように、とくに自閉スペクトラム症の子どもは抽象的な概念や言葉がとても苦手です。それが会話のつまずきにつながっているケースもあります。

5 抽象語　　　　　中・高学年

　日常生活で使われる抽象語は、その言葉に含まれた感情や背景、前後の状況や関係性等が想像できないと、その理解が難しい言葉です。

　このような間違いをした子どもがいました。『もぎたて』という言葉に対して、その意味を『新鮮』と選択した彼は、意味にあった文づくりの課題で『もぎたての魚はおいしい』と表現しました。確かに、もぎたての果物は新鮮です。彼は見たまま聞いたままで物事をとらえる傾向が強かったため『新鮮』と意味理解していたのです。

　このシートでは、よく使う抽象語の意味理解と使い方の学習を行います。

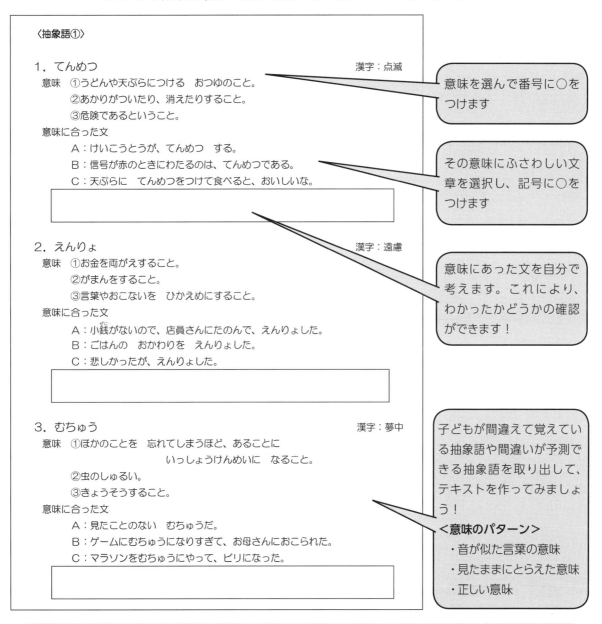

〈抽象語①〉

1．てんめつ　　　　　　　　　　　　　漢字：点滅
　意味　①うどんや天ぷらにつける　おつゆのこと。
　　　　②あかりがついたり、消えたりすること。
　　　　③危険であるということ。
　意味に合った文
　　　　A：けいこうとうが、てんめつ　する。
　　　　B：信号が赤のときにわたるのは、てんめつである。
　　　　C：天ぷらに　てんめつをつけて食べると、おいしいな。

2．えんりょ　　　　　　　　　　　　　漢字：遠慮
　意味　①お金を両がえすること。
　　　　②がまんをすること。
　　　　③言葉やおこないを　ひかえめにすること。
　意味に合った文
　　　　A：小銭がないので、店員さんにたのんで、えんりょした。
　　　　B：ごはんの　おかわりを　えんりょした。
　　　　C：悲しかったが、えんりょした。

3．むちゅう　　　　　　　　　　　　　漢字：夢中
　意味　①ほかのことを　忘れてしまうほど、あることに
　　　　　　　　　　　　いっしょうけんめいに　なること。
　　　　②虫のしゅるい。
　　　　③きょうそうすること。
　意味に合った文
　　　　A：見たことのない　むちゅうだ。
　　　　B：ゲームにむちゅうになりすぎて、お母さんにおこられた。
　　　　C：マラソンをむちゅうにやって、ビリになった。

意味を選んで番号に○をつけます

その意味にふさわしい文章を選択し、記号に○をつけます

意味にあった文を自分で考えます。これにより、わかったかどうかの確認ができます！

子どもが間違えて覚えている抽象語や間違いが予測できる抽象語を取り出して、テキストを作ってみましょう！
<意味のパターン>
・音が似た言葉の意味
・見たままにとらえた意味
・正しい意味

学習シートの活用
付録 CD-ROM

4．コミュニケーションにつながる言葉の使い方の学習
> 　2　抽象語
> 　2-01　①点滅　遠慮　夢中

〈活用例5〉学校生活の適応改善のために、在籍学級担任と連携する支援 —「がんばり表」の活用 —

　学習したソーシャル・スキルを実際の学校生活場面で活用するための手だてとして、「がんばり表」を活用します。

　子ども自身が頑張りたいと思っていても、周囲の刺激によって行動のコントロールがうまくいかずに不適切な行動をとってしまうことがあります。また、場に応じた物事の優先順位がつけられずに自分本位な行動につながってしまうこともあります。このような特性から、子どもの良い行動を引き出すのは簡単ではありません。

　そこで、今は何をすべきで、自分はどのようなことに意識を向けて行動しなければならないのかを具体的に示します。さらにご褒美制を設けることで、約束を守ることへの意識を高めます。ご褒美は保護者と相談して、子どもが喜ぶもので小さなご褒美を用意しましょう。

「がんばり表」作成のポイント

★優先課題に絞って具体的に

　担任と相談して約束を決め、「何を」「どこで」「いつまでに」「どのように」「どの程度」行うかなどを明記します。

★子どもと一緒に相談して決める

　子ども自身が納得していない約束は絶対に守りません。子どもと必ず確認し、守れないという約束については要求水準を下げましょう。

　【例】「登校したらすぐに、先生の机の上のかごの中に宿題を入れる」

　　→「登校したらすぐに、先生の机の上のかごの中に宿題を入れる（先生の声かけ１回は○）」

★少し頑張ればできるレベル

　ご褒美が得られることで、「約束が守れると心地よい」という成功体験につなげます。ご褒美につながらないと、「がんばり表」が面倒くさいものになってしまいますので、まずは合格できそうな要求水準からスタートします。

★許しがたい行為は禁止

　基本的には、約束は「〜する」といった肯定的な表現にしますが、暴力や迷惑行為、危険行為については、『〜しない』といった否定的な表現になることもあります。

★合格基準（○の数やポイントの合計点数）は全体の60〜65％程度で

　少し頑張れば達成できる基準です。約束が守れると心地よいという経験が自信や意欲の向上につながります。はじめは60％くらいで合格点を設定しましょう。

実施する上での留意点

★子どもと一緒に評価する

　帰りの支度や帰りの会の時間、または放課後に、子どもと一緒に１日の振り返りを行います。「ランドセルの片づけをしたのは朝の会が始まってからだったから、今日は残念だったね」などと、なぜ×だったのかを一緒に振り返ることで、自分の行動が客観視できるようになります。

★評価は○か×で！ △はなし！

「概ねできたけれども、この部分は惜しかったから△」という評価をしてはいけません。評価が曖昧になることで迷うのは子どもです。何を基準にして頑張ればよいのかが不明確だと、先生の評価に文句を言うようになります。このようなやりとりは、逆に、教師との信頼関係を損ねてしまい、子どもの意欲を下げることになりかねません。子どものためにも○か×で明確に評価をします。

★×ではなく○に注目して評価する

大人はできていないところに注意がいきがちです。この「がんばり表」は子どもを褒めるために行います。×ではなく○に注目して評価するのがポイントです。×に注目して評価を行うと、がんばり表を行うことで叱られるといった理解につながります。子どもが「がんばり表」の取り組みを拒否するようになると、二度とこの手だては使えなくなってしまいます。

★ご褒美は、褒め言葉がご褒美になるまでの過渡的な手だて

ご褒美がないとやらないようになってしまうのではないかという心配の声をしばしば耳にします。子どもの良い行動を引き出すために子どもにとっての利益（ご褒美）を利用する方法ですが、あくまでもご褒美は過渡的な手だてです。子どもが約束を守って頑張ったときには、大げさなほどに褒めてあげましょう。はじめはご褒美目的で頑張っていても、褒められる経験を通して、ご褒美がなくても頑張れる子どもになっていきます。

★保護者の評価も効果大

「がんばり表」を毎日家庭に持ち帰らせることで、親にも褒めてもらいます。その際は、保護者にも○に注目して評価するよう確認してください。できなかったところに注目して評価していると、子どもは「がんばり表」を持ち帰らなくなります。

また、家庭に持ち帰ることで、学校での様子を共有化し、支援もスムーズに行えるようになります。

効果的なご褒美の例

- ・週末に家族と自分の好きな遊びができる。
- ・アイスクリームを買ってもらえる。
- ・ゲームセンターのカードゲームが1回できる。
- ・ゲームの時間が増える。
- ・通級指導教室でご褒美活動ができる。

ご褒美については、保護者ともよく相談し、決して高価ではなく、日常生活の中で子どもが「楽しみにできる」ことを検討しましょう。

子どものやる気 UP につなげるその他の方法

- ・意欲の継続を図るために、「1週間で1枚得られる合格シール」を10枚貯めたら、通級指導教室で調理ができる、個別学習がすべてご褒美活動の時間になる等の、少しだけ特別なご褒美ができるようにします。
- ・頑張りが継続しない子どもには、ご褒美までの回数や時間（そこにたどり着く距離感）を短

くするのも効果的です。その日、合格できたら、ゲームが15分間長くできる、夕食後にデザートが食べられるなどもよいです。

※ゲームの時間をご褒美として利用する場合は、家庭でのゲーム時間が30分と決まっている場合、あくまでもそれを基準として増やすのはOK。合格できなかったからゲームができなくなるといったマイナスの評価は取り入れません。そうしてしまうと、子どもは『できなくなった』ことに反発してしまい「がんばり表」そのものが使えなくなることがあります。合格できなくても約束の30分はできることを保証すると、「明日は頑張ろう」といった意欲につながります。

シンプルな「がんばり表」－約束が「ある場面」に限定されている場合－

約束が2つ、3つの場面に限定されるケースです。子どもによっては、1つに絞り込んでスタートすることで、まずは「できる」成功経験を積み上げる使い方もあります。

> 約束の必要性を確認した方がよい子どもには、「がんばり表」を提案する際に、学習シート等を活用した学習をあわせて取り入れます。

＿＿＿＿＿ さん　の　がんばりひょう

約束	日（月）	日（火）	日（水）	日（木）	日（金）
1. 8じ10ぷんまでに ランドセルの なかみをだして ロッカーにしまう。					
2. きゅうしょくの はいぜんを しているときは、じぶんの せきについて まつ。					
3. れんらくちょうを かく。					
できたかな？					

> 1年生は、ご褒美シールだけでも頑張れる子どもがいます。担任につけてもらいます。特別な花丸やスタンプでも大喜び！

★ 2こより多く〇がついたら、先生に ごうかくシールをもらおう！

★ ごうかくシールが、1しゅうかんで 3こよりおおくついたら、
＿＿＿＿＿＿＿＿＿＿がもらえるよ。

ごうかくシール

> ご褒美を書き入れます。中・高学年はここがポイント！

> ここにちょっと特別なシールがもらえたら、ご褒美が得られます。

学習シートの活用
付録 CD-ROM

5. がんばり表
＞　5-01　がんばり表

スケジュール形式の「がんばり表」－複数の約束が一つの場面に集中している場合－

学習してほしい、授業中の立ち歩きを減らしたい等、複数の課題がある場合は、まずは絞り込んでシンプルにスタートします。その上で、この「がんばり表」を使います。短い見通しで評価していくスケジュール形式です。つまり、一日を通して「立ち歩きがなかった／あった」ではなく、「国語の時間は×だったけど、算数は○」と、子どもの小さながんばりを評価することができます。以下、ステップ1～3でワンセットです。

ステップ1　目標の必要性を確認

> これは、とても効果的です。中・高学年の子どもにはとくに必要です。

_____くんの6年生前期の目標

　　　_____くんは、5年生で『レベル2』のがんばり表に挑戦し、授業中に教室から出るときは、○○先生に許可をもらってから出ることができるようになりました。勝手に学年室へ行くこともなくなり、友だちと一緒に勉強できることも増えました。
　　部活動も6年生として立派にスタートすることができています。勉強も部活動も無理をしすぎずにがんばりましょう。
　　6年生になった_____くんに『レベル3』への挑戦を期待しています！
　　来年は中学生。中学生になって困らないようにどんどんレベルをあげていけるといいね。
　　_____くんが、『できるといいな』『がんばれそうだな』と思うことを前期の目標として考えました。一緒に相談しましょう。

1．給食時に嫌いな食べ物もお盆にとってから、減らすことができる。

　　給食は、子供が健康な体を作るために必要な栄養や量（カロリー）を考えて、栄養士という専門の勉強をしてきた先生が献立を考えてくれています。なので、出された量を何でもしっかりと食べることが大切です。
　　でも、人によってはどうしても食べられないものがあります。苦手な物が少しある人は量を減らして食べていますが、_____くんは、どうしても食べられないものが多いので、メニューによっては気持ちが重くなってしまうことがあります。
　　しかし、栄養士の先生は、子どもたちの健康を考えて一生懸命に献立を立ててくれています。嫌いなものがあるからといって、配膳された皿さえも以上にとらないと、とても悲しい気持ちになります。食べられないものがあることは仕方がないこと。でも、まずは受け取ることで感謝の気持ちを表し、そのあとで、減らしたり戻したりするようにしましょう。

　　できない　　できないかもしれないけれどもがんばってみる　　できる

2．_____くんなりの理由があってやりたくない学習でも、取り組める時間を増やす。

　　学校で習う勉強は、_____くんが大きくなって自分のやりたいことができるようになるために必要なことを学びます。でも、「何をしたらよいかわからない」「難しくてできない」「もう知っている」という勉強もあるはずです。でも、ほかの友だちも同じ。それでもみんなは、「やってみたらわかるかもしれない」「わからないときは聞いてみよう」「わかるからこそ、自分の力を発揮しよう」と思って勉強に参加しています。
　　中学校では、授業に参加しないとその分だけ評価点（高校に行くために必要な点数）が下がってしまいます。やりたくない勉強でも挑戦して取り組めるようにがんばってみましょう。
　　どうしてもやりたくないときは、先生に理由を聞かれたら、「わからないから」「わかるから」などと理由を伝えましょう。そうすると、先生にやれない理由が伝わるため、取り組みやすくなるようなお手伝いをしてもらえます。

　　できない　　できないかもしれないけれどもがんばってみる　　できる

> 意思表示が曖昧な子どもには、3択で自分の気持ちを選べるようにして、取り組みやすくします。

3．授業中に席を立たないで、勉強する。

　　授業時間は、子どもにとって必要な勉強をする時間です。この時間は『先生の指示に従って取り組む』という暗黙のルール（いちいち確認しなくてもわかるはずのルール）があり、たいていの子どもは先生の話を聞いてそのとおりに学習をしています。
　　_____くんは、待つことが苦手です。何もすることがないとひまになってしまうので、立ち歩いて友だちにちょっかいを出してしまうことがあります。友だちは、暗黙のルールに従って自分に必要な勉強をしているので、ちょっかいを出してじゃまをしてはいけません。
　　あなたがやることがなくなってしまい、ひまになってしまったときはどうしたらよいか一緒に考えましょう。
　　〈条件〉①友だちのじゃまをしない　②いすに座っている

　　できない　　できないかもしれないけれどもがんばってみる　　できる

4．人に迷惑をかけること、危険なこと、人が嫌な気持ちになること、学級や集団行動のルール違反をしたときに、先生が「やめて」と声をかけたらすぐにやめる（行動をかえる）ことができる。

　　学校や家庭のように人の中で生活するときは、その場のルールを守って、お互いが気持ちよく過ごせるようにしなければなりません。そのためには、一人一人が相手の気持ちを考えて行動できるように努力する必要があります。でも、誰だって知らず知らずの内に人に迷惑をかけてしまうようなことをしてしまったり、ルール違反をしてしまったりすることもあります。そのようなときは、先生や友だちがあなたに「やめて」とか「○○した方がいいよ」などと教えてくれます。先生や友だちが自分のよくない行動について知らせてくれたときは、素直によい行動に変える必要があります。
　　教えてくれたにもかかわらず、言うことを聞かずに人が不快になる行動を続けたときは、とても嫌な気持ちになるので、先生や友だちは注意したり怒ったりすることもあります。自分のいけない行動を教えてもらったら、すぐに行動をかえる必要があります。また、注意されたり怒られたりしても、それは仕方がないことなので受け入れなければなりません。

　　_____くんに理由があるときは、声をかけられたときにその理由を伝えましょう。自分と他者は違う考えを持っています。話さないと相手に伝わりません。伝わらなければ、相手にわかってもらうことはできないので、誤解をまねくことがあります。

　　できない　　できないかもしれないけれどもがんばってみる　　できる

学習シートの活用
付録 CD-ROM

5．がんばり表
> 5-02　がんばり表の目標の必要性について

「がんばり表」の目的や取り組み方を説明します。

〈＿＿＿＿くんのがんばり表について〉

　がんばり表は、さまざまな面で高い力を持っている＿＿＿＿くんが、その力を発揮するために使うものです。

　できないことや、うまくいかないことは、いつでも相談することができます。

　がんばってみましょう！

☆約束について
・『みんなと同じ勉強をする』（教科書等を見てノートにまとめる、ドリルもOK）の読
　　１４分以下：０点　　　１５分～：１点　　　３０分～：３点　　　４５分（全部）：５点

☆　合格ポイントについて　・・・レベル３　少しずつレベルが上がります。

	6 時間	5 時間	4 時間 給食あり そうじなし
〈合格〉 パーフェクトゾーン	５８点以上 （６８点満点）	５０点以上 （５８点満点）	３９点以上 （４４点満点）
〈合格〉 スーパーゾーン	４９点以上	４２点以上	３４点以上
合格ゾーン	４０点以上	３５点以上	２９点以上
〈不合格〉 ブルーゾーン	３９点より下	３４点より下	２８点より下
〈不合格〉 レッドゾーン	３５点より下	２９点より下	２３点より下

☆合格ゾーン以上を１週間の内、３回とることができたら、通級指導教室の休み時間でパソ
　コンができるよ！
　１５こ合格がたまったら、個別学習でごほうび活動をしようね。

☆先生と一緒に評価（ポイントを確認）をしよう。

まったく学習に取り組めていない子どもには『先生が決めた勉強をする』という約束にします。担任は子どもがどの程度ならやれるのかが予測できるため、授業中に、「この問題を３問やったら合格だよ」などと声をかけ、まずは、１問、あるいは３分でも学習に取り組めればよし（１点）というレベルから始めます。授業中は勉強をする時間という意識づけが何よりも大事です。

「がんばり表」はレベル１からレベル５まであることを伝えておくと、「がんばり表」の難易度を上げやすくなります。子どもは「レベル」や「ランク」という言葉に興味をもちます。

合格に段階を設けることにより、より上を目指そうとする意欲が生まれます。

学習への取り組みを約束に入れる場合は、『すべての時間、勉強できた（５点）』を満点にするのではなく、今、子どもが頑張ってできそうな時間を満点として、計算します。たとえば、技能的な学習は参加できるから４５分間を満点とし、その他は頑張っても２０分程度が限界なら、２０分間を満点にして合計得点の６０～６５％で合格点を決めます。それにより、学習時間によるポイント設定も変わってきます。
（例：先生が決めた勉強ができる１点、１０分２点、２０分３点、３０分４点、４５分５点など）

学習シートの活用
付録 CD-ROM

5.　がんばり表
　＞　5-03　がんばり表（スケジュール形式）

ステップ3　がんばり表（スケジュール形式）

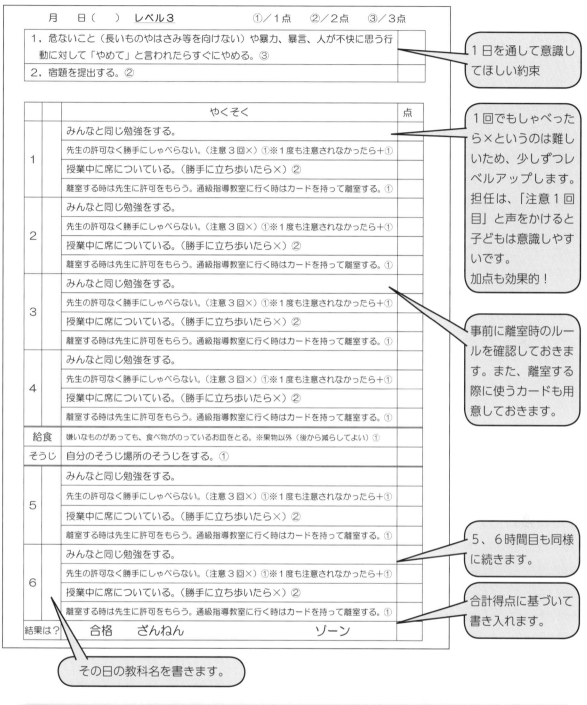

		月　日（　）　レベル3　　　①／1点　②／2点　③／3点	
		1，危ないこと（長いものやはさみ等を向けない）や暴力、暴言、人が不快に思う行動に対して「やめて」と言われたらすぐにやめる。③	
		2，宿題を提出する。②	

1日を通して意識してほしい約束

		やくそく	点
1		みんなと同じ勉強をする。	
		先生の許可なく勝手にしゃべらない。（注意3回×）①※1度も注意されなかったら＋①	
		授業中に席についている。（勝手に立ち歩いたら×）②	
		離室する時は先生に許可をもらう。通級指導教室に行く時はカードを持って離室する。①	
2		みんなと同じ勉強をする。	
		先生の許可なく勝手にしゃべらない。（注意3回×）①※1度も注意されなかったら＋①	
		授業中に席についている。（勝手に立ち歩いたら×）②	
		離室する時は先生に許可をもらう。通級指導教室に行く時はカードを持って離室する。①	
3		みんなと同じ勉強をする。	
		先生の許可なく勝手にしゃべらない。（注意3回×）①※1度も注意されなかったら＋①	
		授業中に席についている。（勝手に立ち歩いたら×）②	
		離室する時は先生に許可をもらう。通級指導教室に行く時はカードを持って離室する。①	
4		みんなと同じ勉強をする。	
		先生の許可なく勝手にしゃべらない。（注意3回×）①※1度も注意されなかったら＋①	
		授業中に席についている。（勝手に立ち歩いたら×）②	
		離室する時は先生に許可をもらう。通級指導教室に行く時はカードを持って離室する。①	
給食		嫌いなものがあっても、食べ物がのっているお皿をとる。※果物以外（後から減らしてよい）①	
そうじ		自分のそうじ場所のそうじをする。①	
5		みんなと同じ勉強をする。	
		先生の許可なく勝手にしゃべらない。（注意3回×）①※1度も注意されなかったら＋①	
		授業中に席についている。（勝手に立ち歩いたら×）②	
		離室する時は先生に許可をもらう。通級指導教室に行く時はカードを持って離室する。①	
6		みんなと同じ勉強をする。	
		先生の許可なく勝手にしゃべらない。（注意3回×）①※1度も注意されなかったら＋①	
		授業中に席についている。（勝手に立ち歩いたら×）②	
		離室する時は先生に許可をもらう。通級指導教室に行く時はカードを持って離室する。①	
結果は？		合格　　ざんねん　　　　　　　　　　ゾーン	

1回でもしゃべったら×というのは難しいため、少しずつレベルアップします。担任は、「注意1回目」と声をかけると子どもは意識しやすいです。加点も効果的！

事前に離室時のルールを確認しておきます。また、離室する際に使うカードも用意しておきます。

5、6時間目も同様に続きます。

合計得点に基づいて書き入れます。

その日の教科名を書きます。

学習シートの活用
付録 CD-ROM

5．がんばり表
　＞　5-03　がんばり表（スケジュール形式）

〈解説〉

　特に、後半は一読して「ちょっと難しいな」と思われた読者もいるかもしれません。その場合には、シンプルバージョンから活用してください。しかし、今の子どもたちはゲームで育っている世代です。後半に掲載した「ステップ〜」「ポイント制」「〜ゾーン」のような形式の方が、実は、子どもは興味を示すことが多いのです。ぜひ、チャレンジしてみてください！

（4）学習シートの作成・5つの提案

　本書に掲載されている274枚の学習シートから代表的なものを取り上げて、その活用方法を実際に解説してきました。ここでは、さらにオリジナル学習シートを作成する際のポイントを以下にまとめます。

ポイント1　オーダーメイドで！

　学校生活で実際にあった出来事やそれに近いリアルな場面を想定することで、子どもにとって必然性・必要性の高い目標・課題を絞り込みます。そして、読み・書きの得意不得意も含めて、その子どもが得意な情報ルートを使い「学習シート」として作成します。

　本書には274枚の学習シートをCD-ROMに収録していますので、印刷してそのまま活用してください。しかし、最終的には、アンレンジ＆オーダーメイドでその子どもにあわせてシートを工夫し、発展させてください。

　なお、本文及びCD-ROMの「学習シート」を確認して「あれっ？」と気づかれた読者がいるかもしれません。学年相応の漢字でなかったり、かなり難しい言葉を使っていたりするシートもあります。この理由は、漢字にとても詳しい子どもがいたり、あえて高学年の漢字を使うことが子どものプライドを高めたり、難しい言葉を知っている子どもだったりすることがあるからです。そのようなわけで、本書では実際の指導場面で利用したシートをそのまま掲載しています。

　基本はオーダーメイドです。その子どもの得意不得意も含めて、その子どもの様子に応じてアレンジしてご活用ください。

ポイント2　徹底した「見える化」と「複線化」

①複線化

　「聞かせて諭す」「言い聞かせる」－これは教育・子育てのごく一般的な方法論です。30～40人の子どもが在籍する通常の学級では、この一般的な、しかも、最も簡便な方法、すなわち、「聴覚・話し言葉」ルートに頼らざるを得ない現実があります。しかし、通級指導教室は違います。個別の指導環境があるのです。学習シートの基本は「見えるもの」＝「視覚ルート」です。あわせて「聴覚・話し言葉」ルートを使うことで「複線化」しているのです。

②文字化・文章化・イラスト化

　そのため、学習シートでは文字にする、文章にすることを基本に、必要に応じて、イラストを添えます。現在、ネット環境があれば、様々なイラストやイメージ図を簡単に作成することができます。その子どもが最も得意とするルートでアプローチします。

ポイント3　想起しやすい入口を！

　学習シートには、「自由記述」「吹き出し」「複数の選択肢のある設問」「○×形式」「1～5の強弱」「クイズ形式の設問」「OK－NG」等の思考・想起のための多彩な「入口」が用意されていることが分かります。

　ポイント1で触れた通り、最終的には子どもに応じたアレンジ＆オーダーメイドです。そのためにも「どの入口」ならば、その子どもは入りやすいのか、学習シートを活用しながら確認

し工夫を重ねてください。

ポイント4　ネーミングにこだわる！

　「あなたならどうする？」「どうすればいいでしょう？」等の学習シート・学習課題そのものネーミングもさることながら、「ランク〜」「〜レベル」「〜ゾーン」「ポイント」等のゲーム用語が活用されています。今の子どもたちは正に、ゲーム世代です。その子どもたちの心に落ちる、その気にさせるネーミングはとても大切です。

ポイント5　具体化

　学習シートの中でも大切にされている指導内容として「暗黙のルール」があります。「わかっていて当然」という見えないルールが学校生活にはたくさんあります。子どもたちの中にはこのようなルールや約束事に気づかないまま、様々なトラブルを起こし、注意・叱責されることが多くあります。

　このように「見えないルール」を「見える化」し、「文字化・文章化・イラスト化」することで「具体的」に示す−これは学習シートの大切な生命線でもあります。

　以上の5つのポイントをヒントに、子どもに応じた「学習シート」を工夫・作成してください。

（5）個別学習をより効果的にする10の提案

　ここでは、学習シートを活用する「個別学習」をより効果的に展開するためのポイントを「10の提案」としてまとめました。

提案1　「ミニがんばり表」で見通しを！

①個別学習にも見通しを！

　通級指導教室の一コマの学習の冒頭でその日の学習について、その内容・順番等をカードで見える化し、子どもが見通しをもちやすくする重要性はすでに触れました。個別学習の学習シートの授業も全く同様です。「シートを何枚やらされるのか……」と子どもが不安になったり、やる気をなくしたりするようでは困ります。ここでも、枚数やメニューを示します。学習のはじめと終わりが明確になることで見通しをもち、集中力が増して学習効果も高まります。子どもが集中して取り組める時間や、量、内容、順番等を工夫してスケジュールを組み立てましょう。

②相談するスキルも！

　子どもが学習カードを見て、「量が多い」「これはやりたくない」等と課題の量や内容に対して不満を示すことがあります。そのようなときは、その学習の必要性を伝え、毅然とした態度で「やります」と伝えます。それでも拒否的になる場合は、その理由を確認してから量や順番等の調整をします。次回は、必ず行うことを約束することで、「拒否すればやらずに済んだ」という誤学習を避けることができます。「やりたくないからやらない」のではなく、「先

生に気持ちを伝え、相談したら、取り組みやすくなってがんばれた」という成功体験が大切なのです。困ったとき、できそうもないとき、一方的に「拒否する」のではなく、その理由を伝え、相談することでお互いに気持ちよく過ごせるという体験を大切にしたいのです。これは、通常の学級でうまく適応するための貴重な経験になります。

　もちろん、次の通級までには、子どもの興味を引くための工夫や手だてを追加し、しっかりと取り組めるようにする必要があります。

③個別学習にも「ミニがんばり表」を！

　また、不適切な行動が目立つ場合は、その日の学習の約束を具体的に示します。子どもの意識すべき約束が明確になることで、不適切な行動を減らすことができ、子どもも教師もお互いに学習に取り組みやすくなります。

　学習のルールは、通級指導教室の個別場面でも通常の学級の大きな集団場面でも共通しています。その子どもだけに個別に関われる場面だからこそ、約束が守れたという成功体験につなげる必要があります。教師が子どものペースに巻き込まれないように、事前に不適切な行動が起きやすい場面を予測し、しっかりと準備する必要があります。

　ここでは、「ミニがんばり表」を提案します。個別学習での約束事とスケジュール・メニューを明確にしたシートで「評価表」の役割も果たします。

ア）個別学習の「ミニがんばり表」の例

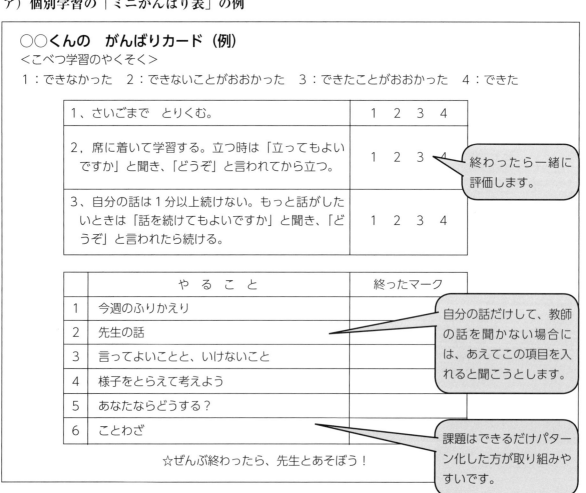

<table>
<tr><td colspan="3">○○くんの　がんばりカード（例）</td></tr>
<tr><td colspan="3">＜こべつ学習のやくそく＞</td></tr>
<tr><td colspan="3">１：できなかった　２：できないことがおおかった　３：できたことがおおかった　４：できた</td></tr>
</table>

1、さいごまで　とりくむ。	1　2　3　4
2、席に着いて学習する。立つ時は「立ってもよいですか」と聞き、「どうぞ」と言われてから立つ。	1　2　3　4
3、自分の話は1分以上続けない。もっと話がしたいときは「話を続けてもよいですか」と聞き、「どうぞ」と言われたら続ける。	1　2　3　4

終わったら一緒に評価します。

	やること	終ったマーク
1	今週のふりかえり	
2	先生の話	
3	言ってよいことと、いけないこと	
4	様子をとらえて考えよう	
5	あなたならどうする？	
6	ことわざ	

☆ぜんぶ終わったら、先生とあそぼう！

自分の話だけして、教師の話を聞かない場合には、あえてこの項目を入れると聞こうとします。

課題はできるだけパターン化した方が取り組みやすいです。

イ）「ミニがんばり表」に挙げる約束の例

○先生の持ち物（筆箱、教材など）を勝手に触るとき

　約束：「先生の持ち物を触るときは、『さわってもいいですか』と聞き、『どうぞ』と言わ
　　　　れてから触る」

　※許可を得る言葉が言えたときは、言えたことを褒めてから「どうぞ」と言って貸してあげ
　　ましょう。約束を守ったのに貸してくれなかった（触れなかった）となると、子どもは二度
　　と許可を得ようとしなくなります。

○わからないことが伝えられずに、いつまでも考えていたり、助けてくれるのを待っていたり
　するとき

　約束：「わからないときは、『わかりません』『おしえてください』と言う」

　※「わかりません」「教えてください」などと書かれたカードをテーブルの上に置いておく
　　とより効果的です。

○文字が雑なとき

　約束：「ていねいな（先生が読める）文字で書く」

　※「ていねい」という表現は曖昧なため、「先生が読める文字」という基準を設けます。

○学習と関係のないものを持ってくるとき

　約束：「おもちゃや本は、先生のかごの中に入れる」

　※本人がどうしても手元に置いておきたいという場合は許可をします。ただし、それを触っ
　　てしまったときは先生のかごの中に入れるという約束を事前に行い、もし触ってしまったと
　　きは取り上げるのではなく、約束であることを伝えます。学習が終わったら返すことを伝え
　　ると安心して教師に渡すことができます。

　　　触らずに学習が最後までできたときは、大いに褒めましょう。衝動性や気持ちのコント
　　ロールができたという成功体験につながります。

提案2　社会性の学習は一発で決める！

　ソーシャル・スキル・トレーニングは、子どものつまずきの場面を取り出して、なぜそのよ
うな行動がいけないか、他者はどう思うか、どうしたらよかったのかを確認する学習です。一
つの学習課題を終えた後に、「もう学習したから大丈夫、きっと子どもの不適切な行動は改善
されるであろう……」と教師が思い込んでしまうことがあります。しかし、学習の定着が十分
ではないことも多々あります。

　その背景として、子どものつまずきの理由を教師が把握しきれていないことが挙げられま
す。その結果、教師の考え方が一方的な押し付けになっていたり、表現が曖昧な学習シートに
なっていることがあります。そのため、教師の意図が正しく伝わりません。

　子どもの行動が変わらないと、教師は、再度わかったかどうかの確認や学習をし直します。
それが繰り返されると、「もう、やったからわかっている」と言って教師の話に耳を傾けなく
なることもあります。同じ学習を繰り返し行ったり、言葉を変えてやり直したりすると、逆
に、子どもとの信頼関係を損ねることになります。

　社会性の学習は、子どもが一度で納得できるように、十分に教材の工夫や吟味をする必要が

あります。

提案3　モデリングとロールプレイ

①ワンセット学習スタイル

　子どもに集団行動のルールや適切な言葉の使い方を教えても、実際の場面になるとタイミングよくそのスキルを使ことが難しい場合があります。

　学習効果を一層高めるためには、知識として場に応じた対応方法を学習した後、教師が実際に良いモデルと悪いモデルを演じてみましょう（モデリング）。そうすることで、タイミングや加減、表情、声の大きさ、トーンなどの、紙面上の知識だけでは足りない部分を知ることができます。そして、子どもも実際にやってみることで（ロールプレイ）、大きな集団場面での般化を目指します。

　学習シートはこのように、机上の学習に加えて、モデリングとロールプレイ、そして次節で紹介するグループ学習をワンセットの学習にすることで、一層その効果を期待することができます。つまり、個別学習（「学習シート」→モデリング・ロールプレイ）→グループ学習→通常の学級という発展的な指導の流れです。

②ある子どもの事例から

　人が話しているときに必ず人と人の間を通って行く子どもがいました。人と人が話しているときは、その間を通ってはいけないというマナーを教えるために、まずは紙面上に絵や文章で示しました（下図）。その後、実際にやってみる練習（ロールプレイ）をすると、なんと、その子どもは「頭を少し下げて」という言葉の程度がくみ取れず、四つ這いで人と人との間を通ったのです。たしかに四つ這いも頭を下げた状態ですが、この場合は不適切です。

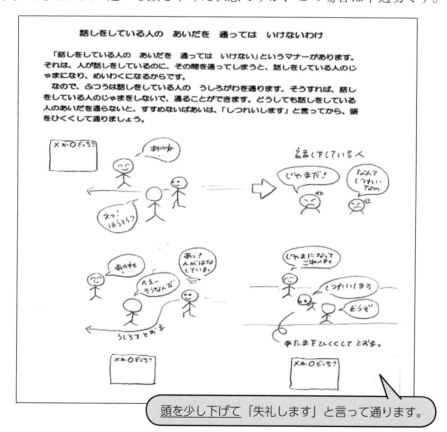

頭を少し下げて「失礼します」と言って通ります。

　正直、驚きましたが、このような「誤学習」を招いたことで、実際の場面でも失敗をさせてしまうところでした。「先生に教えてもらったことをやったのに、叱られた……」では、通級指導教室担当との信頼関係を損ないかねません。

　通級指導教室で学習した社会性のスキルが通常の学級の集団場面で活用されるためには、学習シートでの確認とあわせて、実際に見て（モデリング）、やってみる（ロールプレイ）といったワンセット学習の発想が大切になります。

提案4　子どもの意欲は課題の内容や要求水準を見直すサイン！

　子どもは、課題に対しての必要性・必然性が見いだせないときに拒否をすることがあります。「こんなことは、もうわかっている」「こんな1年生みたいな勉強はやりたくない」という言葉は、それを象徴します。このようなときは必ず何かしらの理由があります。したがって、まずはその理由が何かを考えてみましょう。

　向上心の高い子どもには、少し課題の難易度を上げて「これは、高学年がやる勉強だよ！　できるかな？」などとプライドをくすぐるような言葉かけをします。すると、「えっ、そうなの？」と言って張り切って取り組みます。また、どうしてもやりたがらない子どもには、学習の目的を確認します。自分にとっての必要性がわかることで意欲が高まる子どももいます。

　気をつけなければならないのは、子どもが教師の準備した課題に取り組まないと、すぐに課題量を減らしたり、内容を簡単にしたりすることです。量が多いだけでやる気が落ちる子どもには、量の調整は大事な支援ですが、そうでない子どもには、不満を示せば量が減るという誤学習をさせてしまい、その後、課題量を増やすことは難しくなります。

　安易に課題を減らしたり簡単にしたりせずに、まずはその課題の内容や要求水準が子どもに合っているかどうかを見直すことが大切です。

提案5　多様な学習スタイルで！

①読む・書く・話す・聞く・見る・パソコン……情報ルートの多様性

　現実には、どの子どもも教師の計画通りに取り組んでくれるわけではありません。書くことが苦手な子どもは、選択肢に丸を付けることはやっても、書き込み式の場合は極端に意欲が低下します。そのような子どもに無理矢理書かせようとしても、信頼がなくなるだけ……。子どもの失敗場面や苦手な学習を取り上げるので、子どもが自分からやってみようと思う工夫が不可欠です。

　書くことが苦手な子どもは、できるだけ書かなくてもよい学習スタイルをとります。選択肢方式の課題を用意し、○や×で答えを選びます。最低限の記入問題でも嫌がる場合は、書きたくないからやらないのでは意味がないため、子どもの口頭説明を教師が代筆することでもよしとして必ず取り組ませます。パソコン入力でものすごい力を発揮する子どももいます。

　また、読むことが苦手な子どもに、問題や解説を音読させると、読むことに必死で意味理解ができません。このようなときは、教師が読み上げてあげます。

　さらに、「話を聞かなくてもわかっているから大丈夫」「話が長いからやりたくない」など

という独自のルールによって、教師の話を聞きたがらない子どもがいます。読みが得意であれば、テキストのすべてに解答や解説を付けます。そうすることで、聞くことが苦手でも、教師の伝えたいことが紙面の中にあるので、とても取り組みやすく、わかりやすい学習になります。教師と子どもがほとんど何も話さずに、プリントの受け渡しを繰り返す光景は不思議な感じではあります。しかし、教師が説明している最中に「もうわかった、次にいって」「早くして」などと子どもがいらつくよりも、よほど学習効率は高くなります。

②子どもの得意な学習スタイルで

　一般的な授業風景は、子どもは机に向かって教師の話を聞き、テキストを読んで、ノートに書くといった学習スタイルです。しかし、学ぶのは子どもです。①で触れたように、子どもの様子に応じた学習スタイルは様々です。教師の自己満足にならぬよう、子どもがわかる学習スタイルを工夫することが大切です。

　発達障害のある子どもは、たくさんのことに意識を向けて取り組むことが苦手です。社会性を学ぶ学習でのねらいは、学校生活上の対人関係等のスキルを獲得することです。その中に、読みや書きの習得をねらう必要はありません。書くことをねらうならば書くことに関する課題を工夫し、読みをねらいにするならば、読みたくなる課題の工夫が不可欠です。いずれにしても－通級指導教室の学習時間は短く限られた時間ですから－十分に絞り込んだ一つの課題に対して一つのねらいで学習をすすめるとよいでしょう。

提案6　わからなければ、聞いてみる！

①つまずきの原因が不明なとき

　子どもの行動には必ず理由があります。その行動の理由がわかれば必然と手だては明らかになっていきます。しかし、どうしてもその理由がわからないときは、子どもに聞いてみましょう。

　自分のことをわかってくれるといった信頼関係と、相談すれば先生が力になってくれたという成功体験があれば、子どもは自分の失敗経験を先生に話してくれます。そのためには、日頃からの関わりが重要です。

　子どもはよく「面倒くさい」と言います。「面倒くさい」という言葉を聞くと、怠けているのではないかととらえがちですが、実は子どもには「面倒くさい」と思う理由があります。「なんで面倒くさいの？」と踏み込んで聞くと、子どもは「書かなくたってわかるから」と言ってノートテイクしない理由を話します。また、「もう（塾で習って）知っているから」と言って、授業中に学習をしない理由を話します。これらは、その子ども特有の理由であって、一般的には認められるものではありません。しかし、それがわかることで、子どもの自己流の考え方を修正し、本来の目的や意味を教えなければならないことがわかります。

②言い分を否定せずに・語ったことを受け止める

　「それは、あなたのわがままでしょ」とか、「何度言えばわかるの」などの否定的な表現や頭ごなしの叱責は、「どうせ先生に話してもわかってもらえない」という認識をもたせてしまいます。これを避けるためにも、子どもの気持ちに寄り添いながら話を聞く姿勢が大切です。

　また、「なんで、そんなことをしたの？」などと、はなから子どもに非があることを決めつ

けた言い方をすると、その瞬間に子どもは「きっと話したら怒られる」と思ってしまいます。責められたり、怒られたりすることが予測できるような聞き方にならないように気をつけることも大切です。

　なお、ここでは「会話をしながら聞き取る」スタイルを提案しましたが、なかには、話すこと・説明したりすることが苦手な子どももいます。掲載した学習シートを参考に、クイズ形式にしたり、○×式にしたりする「書きながら聞き取る」方法にもチャレンジしてください。多様で柔軟に子どもを受け止めましょう。

提案7　一般論も効果的！

　個別学習をしているときに、「それは先生の考え方でしょ」とか、「そんなことは言われたことがない」などと、自分の経験や知識に基づいた考えを主張して、教師の話に耳を傾けない子どもがいます。自己流に解釈してしまい、柔軟に他者の考えを受け入れることが難しい子どもも中にはいます。

　このような場合は、子どもの主張を否定すればするほど意固地になってしまうことがあります。「そうなんだね」などと、まずは子どもの主張を聞き入れます。その上で「でも一般的にはね……」「世の中ではね……」などと、あえて大所高所から「大人の世界」の話をします。そして、最後に「こういう考え（やり方）もあるから、知っておくといいよ」と伝えるのです。この方法は子どもの考えを否定することになりませんので、「へぇ～そうなんだ」と、案外スムーズに教師の話を受け入れることもあります。

　また、付録CD-ROMに収録した学習シートのことわざなどは一般的な物事の考え方等を示すものなので、子どもにとっては受け入れやすいようです。

提案8　必要性と目的を明確に！

　社会性の学習を受け入れられない子どもは、主に、自己理解が不十分でその必要性を感じていない場合と、失敗経験を繰り返しすぎて拒否している場合とが見られます。

①自己理解が十分ではない場合

　自己理解が不十分な場合は、集団場面でうまくやれていないにもかかわらず、「おれは大丈夫」と自信をもっていることがあります。このような場合には、自分の不適切な行動に気づけるよう、できるだけその場で適切な行動を伝える必要があるでしょう。しかし、通常の学級ではそれが難しい現実もあります。

　もし、その場での振り返りが難しい場合は、学級担任からの情報をもとに事実を詳しく把握し、後から通級指導教室で学習として取り上げます。その際に気をつけなければならないのは、「おれはそんなことをしていない」などと、自分の失敗を認めたがらない子どもがいます。とくに自己肯定感の低い子どもにこのような様子が見られます。そのようなときは、主語を本児にせず、まるで他者が起こしたことのように『Aさん』や違う名前を使って示します。そうすることで、客観的にその事実と向き合うことができます。子どもによっては、「なんかおれみたい」などと自分と重ねて考えられる子どももいます。そのときはチャンス！「そうな

の？　きみもこんなことがあったの？」などと踏み込んで聞いてみましょう。

　客観視が苦手な子どもは、自分の不適切な行動や苦手さに気づきにくいものです。したがって、子どもがわかるタイミングや伝え方を工夫し、自分の状況がわかるようにします。「あなたは、不注意なミスをすることがあるから、○○は気をつけようね」「イライラ虫がきたら、○○しよう」といった言葉かけを生活の中で意図的にするのも効果的です。

　ただし、このような一歩踏み込む支援は、子どもとの信頼関係が成立していることが前提であることは言うまでもありません。

②失敗経験が多い場合

　また、失敗経験を繰り返している子どもは、学んだソーシャル・スキルが成功体験につながっていません。学習してもうまくいかなければ、誰だってやる気は下がるもの。再度、子どものつまずきの原因を見立て直し、手だての検討を行います。

　自己肯定感が低い子どもは、「どうせダメ……」と思っています。そのような子どもには、保護者とも確認の上、自分の得意や苦手さが客観的に数値でわかる認知検査の結果を説明します。当たり前のことが当たり前にできない自分に悩んでいるため、その原因がわかることで気持ちが軽くなることもあります。また、子どもが自分のことを知りたいと思ったときは、障害の告知を検討します。保護者や医療と十分に相談して、子どもが、もっとも話を受け入れやすい人が話すようにします。自分の特性がわかることで、通級指導教室の学習が、その特性とうまく付き合うためにあるものとわかり、通級指導教室の位置付けもより明確になります。

提案9　子どものがんばりにご褒美はケチらない！

①確かな信頼関係を

　子どもが、先生と相談して決めた目標に対して、自分の気持ちや行動をコントロールしながら頑張っているときは、ご褒美（活動）をたっぷりとあげます。ご褒美という子どもにとっての利益は、「約束を守ると先生は認めてくれる」という意識をより確かなものにします。

　これは、子どもとの関係づくりにも大きく影響します。信頼という言葉の意味はわかっていても、関係性の中での本当の意味はなかなかわからないもの。そこで、褒め言葉やご褒美とともに、「やっぱりあなたは信頼できるね」「先生はきみを信じているよ」などといったメッセージを積極的に伝えます。「頑張ると先生が認めてくれる。それはうれしいし、心地よいこと」という経験と、「信頼」や「信じている」という言葉がつながることで、子どもは「信頼」の真意がわかるようになります。子どもとの信頼関係が構築されると、子どもは約束を守ろうとします。約束が守れるようになれば、あとは子どもが守れそうな約束を決めるだけです。そのためにも、子どもが頑張ったときは「今日の個別学習は全部ご褒美活動！」ということもあります。中途半端なご褒美は子どもの気持ちに不満足感を残します。子どもの心が満足感でいっぱいになるようにご褒美をケチってはいけません。

②「特別」も大切！

　また、子どもが教師の期待に応えようとものすごく頑張っているときは、「先生との約束を守って頑張ってくれていることがとてもうれしいから、今日は、特別に○○をしよう」と、「特別」という言葉を使ってご褒美を示します。いつもはできない特別なおもちゃで遊べた

り、特別な休み時間がもらえたりすると、子どもは自分の頑張りを先生は見てくれているという満足感から、さらなる意欲向上につなげることができます。

　しかし、注意しなければならないのは、「特別」の意味が曖昧だと、子どもは自分の判断で「特別」を求めるようになります。あくまでも、「特別」を決めるのは教師ですので、「特別」である理由を子どもにしっかりと伝えていくことが大切です。

提案10　指導はあせらない！

　学習の成果につなげるためには、何よりも子どもとの信頼関係が必要です。関係ができていないのに、約束を迫ったり、納得していない学習を無理にやらせたりしても、うまくいくはずがありません。子どもとの関係ができるまでは、指導は焦らずに進めましょう。

　まずは、教師が示した課題に対してルールを守って取り組めることから目指し、そこから少しずつ本来の課題に踏み込んでいきます。

　はじめは、「先生との勉強を頑張ったら一緒に遊ぼうね」と言って、遊びの時間を多めにとってもよいのです。逆に、この時間が後から何倍にもなって、指導成果として返ってきます。

4．グループ学習の工夫

（1）意義と目的

　グループ学習は、個別学習で学んだソーシャル・スキルを、実際にタイミングよく活用するための練習の場です。

①在籍学級で苦戦する要因

　たとえば、ADHD の子どもは、集団行動のルールやマナーを知っていても、衝動性や注意力等の問題で不適切な行動をとってしまうことがあります。また、自閉スペクトラム症の子どもは、場に応じた対応方法や言葉の使い方がわからないがために自己流の考えで行動してしまい、逆に、戸惑ったり場にそぐわない行動をとってしまったりすることがあります。

　集団活動にうまく参加するためには、活動の目的や見通しなどをその場に応じて瞬時に把握し、周囲の人との関係性をくみ取りながら、暗黙のルールや了解を察して行動しなければなりません。様々な情報を一度にたくさん処理することが苦手な子どもには、刺激の多い学級集団はとても生活しづらい場です。

②グループ学習でまず定着

　そのため、まずは小集団で意図的な場面設定を行うことで、個別学習で学んだスキルの使い方を学びます。場に応じた対応方法を知識として理解することと、実際に使えることとは違います。例えばこんなことがあります。失敗したときや人に迷惑をかけたときに、「ごめんね」が言えず、周囲はとても困っているのですが、本人はまったく気にしていない様子がありました。人との関係性で「ありがとう」と「ごめんね」はとても大切なコミュニケーション・スキルです。

そこで、謝ることの必要性とその場面について個別で学習しました。

　しかし、グループ学習では、失敗しても謝ることができず、場面やタイミングがつかめていない様子がうかがわれました。そこで、『得点が０点だったときは、チームの友達が待機しているいすの前へ行って「ごめんね」と言う』と具体的に示しました。すると、タイミングや場面が明確になったので、すぐに謝れるようになりました。このように、グループ学習での成功体験が子どもの社会性の獲得をより確かなものにすることができます。

（２）活動展開例

○グループ構成／自閉スペクトラム症とADHDが合併した小学３年生の児童２名
○指導者／１名
○グループの特性／仲がよく興味関心も合うが、お互いに自己主張が強かったり、勝ち負けにこだわったりするため、ぶつかることが多い。自分の思いが通らなかったり否定されたりするとすぐに言い合いになり、ときには手や足が出ることもある。教師のやり方に合わせて活動することに対して抵抗を示し、自分たちのやり方で取り組みたいと主張する様子が見られる。

① 『おはじきミサイルゲーム』

＜単元名＞

『おはじきミサイルゲーム』

＜やり方＞

　・相手チームが並べた的をねらって、おはじきをはじいて的を倒していくゲーム

　・的に書かれた点数の合計で勝ち負けが決まる。

＜ねらい＞

　・教師の話を最後まで聞いて取り組める。（衝動性のコントロール）

　・勝つための作戦を考えて取り組める。（相手チームに倒されにくい的の並べ方）

　・おはじきをはじく力の加減や上手なはじき方を考えて取り組める。

　・友達に対して、うれしい気持ちになる言葉（ほかほか言葉）が言える。

　・友達が嫌な気持ちになる言葉（ちくちく言葉）を言わずに取り組める。

　・うまくできなくても、負けても気持ちをコントロールして最後まで取り組める。

　・時間を守って取り組める。

＜流れ＞

　①先攻（はじく）、後攻（並べる）を決める。

　②手持ちのおはじきは10個だが、サイコロをふり、その数だけおはじきを増やす。

　③トイレットペーパーの芯の的（10個：10点
　　1個、5点、3点、1点は各3本ずつ）を並
　　べる。（30秒）

　④ゲーム開始（5回戦行う）

　⑤結果発表

　⑥片付け

＜場の設定＞

　①縦約２ｍ×横約３ｍのコートをビニールテー

やり方、流れ、ルールを提示

プで床に設置する。

②的を並べる枠も同様に、80cm×50cm程度にする。

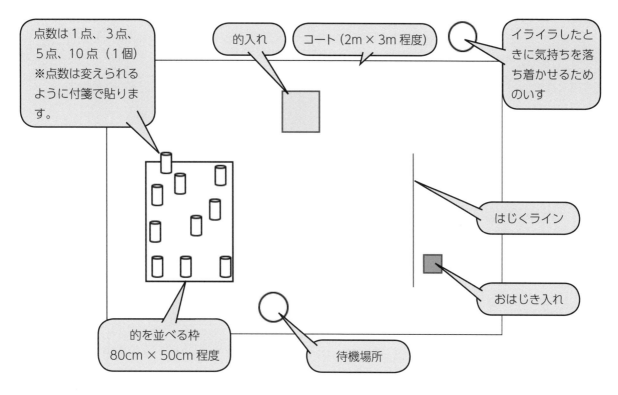

点数は1点、3点、5点、10点（1個）
※点数は変えられるように付箋で貼ります。

的入れ

コート（2m×3m程度）

イライラしたときに気持ちを落ち着かせるためのいす

はじくライン

おはじき入れ

的を並べる枠
80cm×50cm程度

待機場所

<ルール>

①おはじきをはじくラインから出たときは、0点になる。

②時間内に的を並べることができなかったときは、並べきれなかった的を、相手が枠内の好きなところに置ける。

③的3個は、点数を相手に見えるように並べる。

④おはじきを10個はじいてから、倒れた相手の的の点数を計算する。
　それまでは、いすに座って待つ。

⑤審判の判定が絶対とする。（文句は言わない）

⑥以下の場合、その回の点数から－3点とする。
　・ずるをしたとみなされたとき
　・おはじきが欠けたり、割れたりするような扱いをしたとき
　・相手のじゃまをしたり、嫌な気持になる行動をとったりしたとき

⑦勝っても負けても、3秒以上、拍手をする。

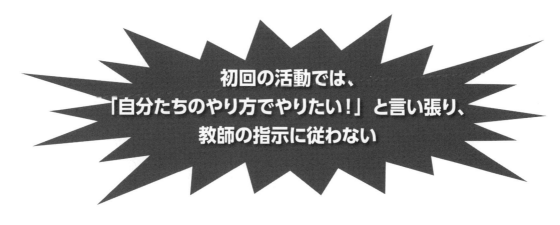

初回の活動では、
「自分たちのやり方でやりたい！」と言い張り、
教師の指示に従わない

そこで……

子どもの行動を振り返り、**うまくいかなかったところに対して手だてを検討！**

＜手だてのポイント＞

①先生のやり方で行えば、その次は自分たちのやり方できるように流れを設定

『自分たちのやり方でやりたい』という子どもの『したいこと』を、教師が『してほしいこと』の後に入れます。不満を言っても、自分たちのやり方でできることを伝えます。

今日の予定
1. 始めの会
2. 先生の話
　　（ゲームの説明を聞く）
3. おはじきミサイルゲーム①
　　（先生のやり方で）
4. おはじきミサイルゲーム②
　　（自分たちのやり方で）
5. 振り返り
6. 終わりのあいさつ

②絶対に守りたくなる、そして、守れるめあての提示

○○くんのがんばり目標

1/できなかった　　2/できないことが多かった　　3/できたことが多かった　　4/できた

	自己評価	先生の評価
1　先生が話をしているときに、手をあげてから話すことができた。	1　2　3　4	1　2　3　4
2　先生のルールでとりくめた。	1　2　3　4	1　2　3　4
3　先生の許可をもらってから、立つことができた。（勝手に立たない）	1　2　3　4	1　2　3　4
4　おわりの時間が　まもれた。	1　2　3　4	1　2　3　4

☆先生の評価の合計が、12点より多いと合格！　合格した人は、シールがもらえます。

合格したときにもらえるシールを先に選ばせておくと、より効果的！

　めあては、それぞれの苦手な場面を取り上げて設定します。そして、ここでの大前提は「子どもたちが楽しく・やりたい活動・ゲーム」であることです。「つまらない活動・ゲーム」だとしたら、活動へのモチベーションが高まらないばかりか、苦手場面を取り上げることそのものが不可能になります。子どもが「やりたい」からこそ、多少の困難にも立ち向かうのです。

　学習のはじめに目標の確認を行い、ゲームが終わったら各々の目標を振り返ります。

③自分の言われたい「ほかほか言葉」、言われたくない「ちくちく言葉」を書き出して掲示

　さらに、『ほかほか言葉を５回以上言えたら次回のゲームで使うビー玉がもらえる』、『ちくち

く言葉を3回以上言ったらビー玉がもらえない（2回以内なら1個もらえる）』等のルールを取り入れる。振り返りのときに、ビー玉券が得られるようにする。

失敗したときの「どんまい」は、言われてもうれしくないから、ほかほか言葉ではないと言い張っていたが、ビー玉をもらうために言っているうちに、ほかほか言葉と認められました。理屈では受け入れられなくても経験で変わることもあります！

呼ばれてうれしくないあだ名を記入。それからそのあだ名を言わなくなりました。

　これらの手だてで、約束を守りながら教師のやり方に合わせて取り組めるようになりました。

　しかし、決められた約束やルールは守れるようになりましたが、自分の意見が通らなかったりうまくいかなかったりすると、相手の考えや気持ちのくみ取りがうまくできず、お互いを責め合って喧嘩をする様子もありました。

　そこで、次の学習では、なかよく協力して取り組むためのスキルを学ぶゲームを考えました。**『なかよく』『協力』とはとても曖昧な概念です。そのため、どのようにすれば『なかよく』『協力』して活動できるのかを具体目標として取り上げ、学習を進めます。**

② 『ドミノに挑戦』

＜単元名＞

　『ドミノに挑戦』

＜やり方＞

　レベル1～10の指令書に従って、友達と協力してドミノでコースを作るゲーム

＜ねらい＞

・ミッションをクリアするための作戦（並べ方・役割分担など）が考えられる。

・自分の考えややり方と違っても、それを受け入れたり、話し合ったりして解決することができる。

・自分の役割を最後までやり遂げることができる。

・友達が嫌な気持ちになるような言葉遣いや口調に気をつけて話す。

・失敗したときに謝ることができる。

・うまくできなくても気持ちをコントロールして取り組める。

・時間を守って取り組める。

＜流れ＞
①先生の話

②がんばり目標の確認

③指令書を見て作戦を立てる。（5分）

④ミッションの挑戦（20分）

⑤がんばり目標の振り返り

＜ルール＞
①先生のスタートの声かけまでは、ドミノを触らない。

②「終わり」と言われたら、ドミノを床に置く。守れないときは、先生がドミノを1個抜く。

③途中で倒れてしまったときは、制限時間内ならやり直せる。

④制限時間内なら、次のレベルに挑戦できる。（ただしレベル1〜10の順番に）

⑤友達の失敗を責めない。

⑥うまくできたら、みんなで拍手をする。

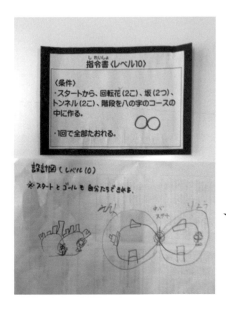 

難易度が上がると、指令書に書かれた内容のイメージがお互いに違いすぎてしまって、作りながらもめるようになりました。そこで、作戦タイムで設計図を書くと、話し合いも、作成もスムーズに！

○○くんのがんばり目標

1/できなかった　2/できないことが多かった　3/できたことが多かった　4/できた

	自己評価	先生の評価
1　先生が話をしているときに、手をあげてから話すことができた。	1　2　3　4	1　2　3　4
2　先生の言葉かけで、すぐに座ることができた。	1　2　3　4	1　2　3　4
3　口調に気をつけて話ができた。	1　2　3　4	1　2　3　4
4　失敗したときに、「ごめんね」が言えた。	1　2　3　4	1　2　3　4

☆先生の評価の合計が、12点より多いと合格！合格した人は、シールがもらえます。

「おれたちの仲だから謝らなくてもよい」という自分本位な考えをもっていても、謝れるようになります。口調にも気をつけられるようになり、トラブルも減ります。

『ドミノに挑戦』によって、『なかよく』ということの意味を具体的に理解し始めました。しかし、自分の役割が終わると遊んでしまう、友達の手伝いを拒んでしまうことなどによって、時間がうまく使えず、結果的に制限時間内で完成できなかったことで、お互いにイライラ…。

そこで、最終回は、失敗の原因を子どもと事前に振り返り、目標として設定。時間内で完成させるための『協力』の仕方を学びました。

1．時間をうまく使う
　①自分の役割分担をする。
　②自分の役割ができたら手伝う。（手伝いを受け入れる）
　③途中で遊ばない。（集中して行う）
　④出来上がったら、すべて倒れるか2人で確認する。
2．仲良く協力して取り組む
　①アドバイスはよいが、文句は言わない。
　②友達のアドバイスを聞く。
　③口調に気をつける。
　④自慢をしない。
　⑤失敗したら「ごめんね」と言う。
　⑥イライラしそうになったら、いすに座って
　　気持ちを切り替える。
　⑦お互いの良いところを褒める。
　⑧勝手なことはしない。

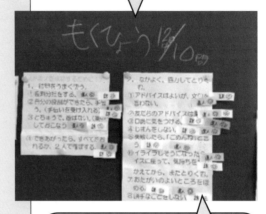

> 自分たちで達成目標を12個中10個と決めます。

> 守れた約束に、名前が書かれた付箋を貼って振り返りを行います。

このように、子どものつまずきに対して段階的に場面設定を行い、具体目標を提示することで、1つずつ場に応じたソーシャル・スキルを学ぶことができます。グループ学習は楽しい活動なので、遊びという意識になりがちです。そのため、グループ学習は遊びではなく学習であることを必要に応じて伝えるとともに、常に教師が目的意識をもって指導を行うことが大切です。

5．終わりの会の工夫

日直に、みんなの帰り支度が終わったら挨拶を行うよう伝えます（はじめの挨拶と同様、日直カードに挨拶の言葉を書いておく）。

日直は、友達の帰り支度のペースや、挨拶ができる状態などを見計らいながら、タイミングよく言葉かけをしていく必要があります。教師は、子どもの様子を見守り、必要に応じて適切な言葉かりを行いましょう。

> 日直に、「任せたよ」などの声をかけると、子どもは張り切って友達の動きに注意を向けようとします。教師主体から子ども主体の活動に変えるような配慮・工夫で、人に合わせる練習ができます。

6. 休み時間の工夫

　休み時間は、子どもが自由に好きなことができる時間です。また、教師は連絡帳を記述したり、送迎に来た保護者と情報共有したり、支援方法などを確認したりする時間になります。

　子どもは、自由な活動の中で友達と仲良く遊ぶことが求められますが、ここでは様々な社会性のスキルが必要となります。子どもの課題を新たに発見することができる機会である一方で、約束やルールが曖昧だとトラブルにつながる可能性も高まります。通級指導教室でたくさんの成功体験ができても、最後に失敗経験で終わるのでは指導の効果は半減します。日頃の子どもの様子を踏まえて、予測できるトラブルへの事前の対応を心がけましょう。

＜約束の提示例＞

①安全に、ルールを守って行動できない子どもがいる場合

> **休み時間のすごし方の　やくそく**
> 1　高いところにのぼったり、人やまどにむかって　ものをなげない。
> 　**→ 守れなかったら、ペナルティシートで3分間すごす。**
> 2　かたづけを　最後まで　やる。
> 　→守れなかったら、次回の休み時間は、プレルームへは行けない。

> 危ない行動や迷惑行動を行う場合は、守れなかった場合に、一度その場から離すという手法は効果的です。

②自分のルールで行動する子どもがいる場合

> **休み時間のルール**
> 1　予鈴の合図で終わり
> 2　2分以内でかたづけ
> 3　教室にもどる
>
> 1、2、3が守れたら、次回も休み時間に通級指導教室で遊べます。

> 通級指導教室で遊びたいという子どもの『したいこと』をご褒美にすると、気持ちのコントロール力が高まり、約束が守りやすくなります。

③時間でパソコンを止められなかったり、勝手に物をいじったりする子どもがいる場合

> **〈動画を見ている人へ〉**
> チャイムがなったら①か②のどちらかで終わりにしましょう。
> 　①今見ている動画を最後まで見て終わり。
> 　②今見ている動画を途中でやめて、最後に自分の好きな動画を1つ見て終わり。

> 終わり方を決めます。約束が守れたらまたできるという条件で使用を認めます。

> 「コピー機は先生の許可をもらってから使う」などと、どうすれば使えるのかを明記します。

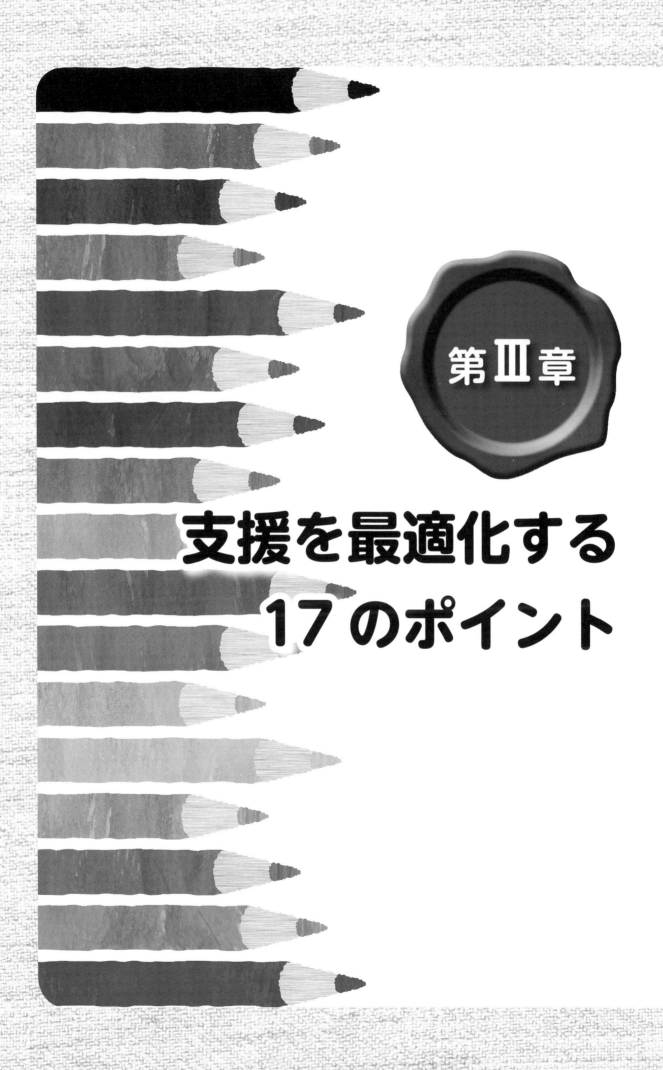

第Ⅲ章

支援を最適化する
17のポイント

本章では、第Ⅰ章からⅡ章までに紹介した学習場面で見られがちな行動への対応や、学習効果を一層高めるための手だての工夫「17のポイント」を紹介します。ぜひ、少しずつ取り入れてみてください。なお、紹介する「17のポイント」は、通常の学級でも十分に活用可能です。効果を実感した後に、通常の学級担任にも紹介し、連携を深めてください。

ポイント1　衝動的な言動のコントロール ─────────

とくにADHDの子どもは衝動性が強く、思いつきで行動してしまったり、話してしまったりすることがあります。

①着席して話を聞くこと

最後まで話（指示）を聞いてから行動する場を設定します。席を立つときは、先生が『どうぞ』と言ってから立つという約束を作り、指示の最後に必ず「どうぞ」と言います。「どうぞ」の前に動いてしまった場合は、まだ言っていないことを伝え、再度、着席させます。思い込みで行動するとやり直しになるため、次第に子どもは教師の指示を最後まで聞くようになります。

②話は最後まで聞けるように

出し抜けな発言をする子どもがいます。支援のポイントは、教師の話の終わりを明確にすることです。たとえば、「3つ話します。その後、質問できます。1つ目は……」と見通しをもてるようにします。自分たちが話せるタイミングをはっきりさせることで、自らの衝動をコントロールしやすくします。予告したところまで話を聞き続けることができたら、最後まで聞けたことをたくさん褒めます。

実は、話を最後まで聞くと、話の途中ではわからなかったこともはっきりするものです。「話を最後まで聞いたらわかった」という成功体験が、「話を最後まで聞く」大切さの気づきにつながります。また、『話をするときは、手を挙げて指されてから話す』という約束も効果的です。この場合、勝手な発言には耳を傾けてはいけません。必ず手を挙げた人を指して応じるようにしましょう。

③聞き取りクイズ形式で！

グループ学習では、ゲームのスタートの合図のときにわざと「ようい、どん」ではなく、「ようい、うどん」「ようい、どんぶり」などと響きやリズムの似た言葉を言います。子どもは、誰よりも早くスタートしたいと思っているので、教師の合図に集中して注意を向けるようになります。言葉に引っかからずに行動を止められたときは、「すごいね。よく聞いていたね」と褒めます。子どもは『絶対に引っかからないぞ』という意気込みで必死に教師の言葉を聞こうとします。ちょっとした場面で、衝動性をコントロールする機会を楽しくつくり出すことができます。

ポイント2　ついふらふらしてしまう行動への対応 ─────────

場の空気や教師の指示の意図を汲むことが苦手な子どもは、指示が曖昧だとその場をふらふらと動き回ることがあります。

①次にしてほしいことまで伝える

「ボールを箱の中に入れましょう」という指示だけでは、ボールを入れた後の指示がないので、ボールを箱の中に入れた後に、友達とおしゃべりを始めたり、いきなり本を読みだしたりすることがあります。「ふらふらしないで！　次は何をすればよいの？」と注意しても、先の見通し

がわからなければ適切な行動はとれません。子どもたちを責めても仕方がないことです。

　このようなときは、「ボールを箱の中に入れます。次に、席につきます（席について先生が話をするのを待ちます）」などと、次の行動まで伝えます。そして、「さすがだね。席について待っていてくれたからすぐに話が始められるね」などと、教師の指示の意図を褒め言葉とともに伝えるようにします。これらを繰り返すと、一連の行動パターンを覚え、短い指示でも自分の判断で行動できるようになります。

②子どもの記憶の容量を超えない指示

　聴覚的短期記憶が弱いことより、指示を聞き漏らしたり、忘れてしまったりする子どもがいます。このような子どもには、端的に順序立てて指示をします。指示を出す前に「今から3つ言うよ」などと、注意を持続させるための見通しを伝えることで、聞き漏らしを防ぐこともできます。教師が子どもの覚えていられる記憶の容量をわかっていることで、指示を聞いて行動できたという成功率をぐんと上げることができます。3つの指示で行動できない場合は、2つにしてみる、2つで難しければ1つにしてみるなどと指示の数を変えて観察してみます。どうしても指示を覚えて行動できない場合は、黒板に明記しましょう。

ポイント3　自分勝手な行動を減らす

　教室から勝手に離室する子どもの多くは、『ぼくは学校で自由が許される』という認識をもっている場合があります。様々な理由により、教室の居心地が悪くなると子どもたちは居心地のよい場を求めて離室をします。そして、離室した子どもをそのたびに戻すことができない担任の事情によって、子どもは、自分は許されるといった自己流のルールをつくっていくことがあります。

①学校のルールと自由

　子どもの離席には必ず理由があります。まずはその「なぜ？」について子どもに確認します。解決可能な原因ならばすぐに対応します。しかし、理由がはっきりしないこともあります。その場合には、まず「学校は自由ではない。でも、先生の許可を得ればルールに基づいて自由にできる」ことを教えます。この対応は、子どもを頭ごなし否定せず、その気持ちに寄り添うことになりますので、子どももルールに従いやすくなります。

②許可を得る

　通級指導教室では、**先生の指示と異なることをするときは、必ず先生の許可を得ることを約束**します。例えば、トイレに勝手に行くことは許しません。ただし、「トイレに行ってもいいですか？」「どうぞ」のやりとりでトイレに行くことを認めます。また、「立ってもいいですか？」「どうぞ」のやりとりで離席を認めます。この繰り返しの中で、子どもは勝手に行動するよりも、許可を得た方が心地よく行動できることを学びます。

　許可を得ることが定着すると、何でも許可を得ようとすることもあります。その場合には、許可を得た方がよい場合と、そうでない場面を具体的に伝える個別学習を設定します。

ポイント4　「ずる」への対応

①ルールの設定

　子どもは、ゲームで何とか勝とうとします。その気持ちは大切にしたいのですが、時として、

「ずる」をします。その場合には、ずるをしても有利にならない、さらに、ゲーム活動にも勝てない状況をつくります。

　まず、ゲームに『ずるをしたら負け』という明確なルールを取り入れます。すると、子どもは勝ちたいのでずるをしなくなります。その際、そのゲームで「何が『ずる』になるのかわからない」子どももいます。事前にどんなことがずるなのかを確認しておくと、より一層、子どもは意識して行動できるようになります。

②ペナルティシートの用意

　ずるをする子どもは、そのゲームをやりたいからこそずるをします。したがって、ずるをしたり、ルールを守れなかったりする場合は、1回休みのペナルティシートを用意します。アイスホッケーの「ペナルティボックス」のイメージです。その場から離れて気持ちをクールダウンするために、決められた回数や時間（3分～5分程度）をそこで過ごすという約束です。ゲームをやりたい子どもにとって、その場から離れるという選択肢はあり得ません。子どもたちは少しずつ気持ちをコントロールできるようになっていきます。

　ですから、何よりも**大切なポイント**は、子どもが「楽しくて・やりたくなるゲーム」をたくさん用意することです。

ポイント5　やり方やルールを変えようとする場合への対応

①勝手な決め事は採用しない

　ゲームの途中で自分が不利益な状況になると、ルールを変えようとする子どもがいます。このような子どもは通常の学級の遊びの場面でも、自分の都合のよいようにルールを変える（例えば、鬼ごっこのときに、鬼にタッチされそうになると「タイム」と言って、タッチされないようにする）ことも多いため、友達とうまく遊べないことがあります。

　しがたって、**事前に『ゲームの途中ではルールを変えられない。どうしても変えたい場合は、全員の了承が得られたとき』と伝えておきます。**すると、その決め事に従って、ルールの変更を提案したり、折り合えたりすることができるようになります。

②主導権をもっている人は誰？

　また、教師の指示に対して「え～○○がいい」と素直に従わないことがあります。このようなときは、「最初のルールは先生が決めます。やりたくないときは『ペナルティシート』で休んでもいいです」と毅然と対応します。すると、子どもは、今は誰の指示に従うべきかを判断します。集団活動では常に活動の中心となる人がいて、それが誰なのかを誰もが暗黙でわかっています。しかし、このような暗黙のルールがわからない子どももいます。その場に応じて、具体的に取り上げて教えます。

ポイント6　時間を守る

　時間を守ることは、集団生活においてとても大切なことです。しかし、自分の興味を優先して行動したり、時間を見通す感覚がもてなかったりすることもあるため、『時間を守る』ことがとても苦手な子どもがいます。

①どう「終わる」のか？　「区切り」をつけるのか？

　本を読みだすとなかなか止められずに、いつまでも読み続ける子どもがいます。このような

場合は、どこまで読んだら終わりにできるかを量（ページ）や時間で決めます。５分程度で止めることを教師のめあてとし、子どもの止めやすい方法（量または時間）で「〇ページまで読んだら終わりにします」などと伝えます。また、次にいつ読めるのかの見通しがわかると、子どもは『また読める』という安心感から止めることを受け入れやすくなります。区切りをつけるページに付箋を貼ったり、紙を挟んだりすると、子どもは安心して区切りをつけやすくなります。約束が守れたときは大いに褒め、約束が守れたからまた読めることを伝えます。そうすることで、約束を守れると自分の思いが叶うことの意味付けを行います。

②子どもと相談する

　ときどき、どうしてもその本を手元に置きたいという子どもがいます。このような場合は、絶対に触らないことを約束として認めます。守れなかったら先生が預かることも予告しておくと、預けるときの抵抗感が低くなります。「本を無理やり取り上げられる、止めさせられる」とすれば、逆に、「何が何でも止めない」という子どもの反発につながりかねません。子どもの読みたいという気持ちに寄り添いながら対応の提案と相談をしましょう。

③５分前予告で終える練習を

　また、時間の見通しがもてない子どもには、時間の予告も効果的です。子どもと何分あれば止められるのかを相談し、「５分前だよ」などと声をかけます。予告があることで止めることができたという成功体験は、今後の生活の中で時間とうまく付き合うための方法として役立てることができます。それでも止められない子どもには、予告があることで止めることができるようになるための練習を行います。個別学習の際に、あえて好きなことができるメニューを設定し、５分前予告で遊びを止めることができたら、また次の通級の際にも遊びの時間を得ることができるという約束をします。「約束の時間で遊びを止めれば、また次も遊べる」という子どもにとっての「お得感」は、気持ちのコントロール力を高めるためにとても効果的です。

④時計を使う？　タイマーを使う？

　時間で終えるための方法として、タイマーをセットするか、自分で時計を見て判断するかを子ども自身が決めます。自分で方法が決められたことを褒めることでモチベーションが上がり、一層、時間を守ることに意識を向けさせることができます。また、一見、時間を音で知らせてくれるタイマーの方がわかりやすいと思いがちですが、なかには、タイマーよりも時計の方がよい場合もあります。ですから、子ども自身が選ぶことが大切なのです。なお、決められた時間を見える化し、時間になるとブザーが鳴る教材も市販されていますので、必要に応じて活用します。

⑤時間を守れなかったときのマナーが大事

　時間を守ることのスキル学習だけでなく、守れなかったときのスキル学習も必要です。ゲーム時の作戦タイムなどでどうしても時間が足りないときは、「もう少し時間をください」と言うことをルールとして示すと、子どもは勝手に時間を延長するのではなく、許可を得れば延長できることを学ぶことができます。時間延長をしてもらったら、待ってくれた友達や先生に「ありがとう」と言うこともマナーとして教えます。

①勝っても負けても３秒以上拍手

　勝ち負けにこだわる子どもは、ゲームに負けるとイライラすることがあります。このような場合、『勝っても負けても３秒以上拍手をする』という具体目標を提示します。具体目標に拍手という動作が入ることにより、イライラした気持ちから拍手という動作に意識を向けさせます。少しぐらいイライラして拍手をしていても、『負けても拍手ができた』という事実を褒めることができるため、子どもにとっては『悔しかったけれども拍手できた』という成功体験につなげることができます。

②約束とご褒美

　どうしてもイライラした気持ちを抑えられない場合は、活動の振り返り時に視覚的評価ができるよう、約束を明記して個別に確認します。守れたら、花丸やシール、ご褒美活動（好きなこと）ができるように場面設定をすると、約束を守る意識をより高め、イライラの気持ちをコントロールすることができます。

③場から離れる

　ゲームに負けそうになったり、失敗したりすると活動中にイライラしてしまう子どももいます。このような場合、子どもと事前に、『イライラすることは仕方がないこと。しかし、イライラした姿を周囲に見せると、みんなが嫌な気持ちになってゲームがつまらなくなったり、自分の評価が下がったりする（一緒にやりたくないと思われる）』ことを伝えます。そのため、イライラしたときの対応方法として、イライラしてきたらその場から離れ、決められた場所に行って気持ちを切り替えることを約束します。

　また、その場でイライラするよりも、場から離れて気持ちを落ち着かせ、できるだけ早く活動に戻ってくることがよいことも伝えます。イライラした子どもが場から離れて決められた場所に行けたときは、その行動を褒めましょう。イライラしているときに教師が同じ場にいると、教師自身が子どもの刺激となって余計にイライラすることがあります。教師は、「気落ちが落ち着いたら戻って来てね」とだけ声をかけて活動の場に戻ると、自分のタイミングで戻ってくることができます。そのときは、自分で戻れたことを褒めて、何も言わずに活動に参加できるようにします。

　このように、予測できる場面については、事前に約束として設定し、望ましい行動のみに注目していくと、次第に子どもは自分自身で問題解決できるようになり、自分の不快な感情とうまく付き合っていけるようになります。

ポイント8　不適切な行動の修正

　子どもが不適切な行動をとったときにその行動を修正しないと、子どもはその行動が適切または許される行動として誤学習をすることがあります。しかし、すぐに注意や指摘をすると、普段から叱られることの多い子どもは、素直に受け入れないこともあります。

①否定的な表現ではなく肯定的な表現で

　まずは声のかけ方を工夫してみましょう。たとえば、立ち歩きに対して「立たないよ」等と否定的な言葉で注意してしまうと、自分が悪いとわかっていてもよい気持ちはしないものです。

そこで、**否定表現の「立たないよ」ではなく、肯定表現の「座ります」と、『してほしい行動』を具体的に伝えます。**また、「勉強しないと、休み時間にならないよ」ではく、「勉強したら（ここまでやったら）、休み時間になるよ」などの肯定的な言葉で伝える方が受け入れやすくなります。言葉の裏側にある意味

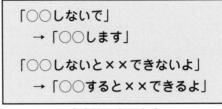

「○○しないで」
　→「○○します」
「○○しないと××できないよ」
　→「○○すると××できるよ」

肯定的な表現方法

をくみ取ることが苦手な子どもには、否定的な表現には、休み時間にするにはどうすればよいのかという具体的な行動が示されていないため、わかりにくいこともあります。

　また、衝動的に反応する子どもには『休み時間にならない』ことだけが頭の中に入ってしまって、瞬時にイライラのスイッチが入ってしまうこともあります。子どもにわかりやすく落ち着いて話を聞かせるためには、肯定的な表現で具体的に伝えるのがポイントです。

②周囲の子どもを褒める

　教師や友達の注目を得るために、わざと不適切な行動をとる子どもがいます。その場合、その子どもを直接注意するのではなく、適切な行動をとっている周りの友達を褒めてみましょう。「○○くんは姿勢がよくていいね」などと言うと、それを聞いた子どもはその行動を真似しようとします。そこがチャンスです。すぐに行動を修正した子どもに対して、「△△くんもいいね」と褒めます。すると、姿勢を正すことで注目されたという成功体験がその後の指導に生きてきます。また、「すぐに人の良いところを真似できるのは素晴らしいことだね」と褒めると、良い行動を真似することで注目されるという成功体験をするため、進んで人の良い行動を真似しようという意識が働くようになります。

③「○×」をサインにして！

　○×や視覚刺激にこだわる子どもの場合は、言葉で伝えるよりも、黒板に貼られたネームカードの横に「○○くんは姿勢が良いから○だね」「△△くんは残念！　×だね」などと書こうものなら、×が嫌なので即座に行動を修正します。教師が良い行動を○か×で示すことがわかると、子どもは教師がチョークを持つだけで行動を修正するようになるため、褒めてあげられる場面がますます増えていきます。

ポイント9　声の大きさの調整

①自分の声の大きさを自覚するために

　自分の声の大きさが適切ではないことに気づいていない子どもがいます。そのようなときは、声の大きさが目で見てわかる表を活用します。「今、きみの声の大きさは1だから、2の声の大きさにしてね」などと、実際の声の大きさと、調整してほしい声の大きさを伝えます。そうすることで、声の大きさの調整がしやすくなることがあります。

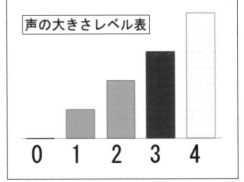

声の大きさレベル表

0　1　2　3　4

②声の大きさは数字で

　よく数字と共に動物の絵が描かれている表を見かけます。レベル1はネズミ、2はネコ、3はイヌ、4はライオンというように動物の大きさで声の大き

さの違いを表現しています。しかし、曖昧さが苦手な子どもには、ネズミとネコとの比較を声の大きさに置き換えて調整することは難しいことです。ごくシンプルに数字で示した方が、わかりやすくなります。

ポイント10 多動のコントロール

①目印の活用

多動のある子どもは、床面に座ると、すぐに姿勢が崩れたり、動いたりすることがあります。教師の話に集中して聞いてほしい場合は、いすに座る方が動きを抑制できます。やむを得ず、床面に座る場合は、ビニールテープで目印を示し、「赤い線につま先をそろえて座ります」などと具体的に伝えると、座る位置が明確になるので自分で動きを調整しやすくなります。

②カウントダウンする

すぐに着席できない子どもには、カウントダウンが効果的です。とくに低学年は「3、2、1……」などと子どもの動きに合わせて数えると着席できることが多いです。席についたらすぐに「さすがだね！　3秒で座れちゃったね」と褒めてあげます。このように時間を伝えることで、次第に「先生、おれたちは30秒で片づけられるよ」「10秒もあれば決められるよ」などと、自主的にできるだけ早く行動するようになります。

③止まる練習をする

多動な子どもは、無意識に動いていることも多いようです。そのため、動くたびに注意されることになり、反発を招いてしまうこともあります。動きのコントロールが苦手な子どもには、まずは号令のときなど、止まる必要のある場面から「止まる」を意識する練習をします。

④動くのは仕方がないけれど、音はだめ

また、いすをガタガタ動かしたり、机を指でコツコツと叩いたりなどして音を出す子どももいます。このような場合、「きみたちは、動いている方が落ち着くんだよね」などと気持ちに寄り添って話をします。すると、多動のある子どものグループでは、面白いほどに全員揃ってうなずきます。そして、「動いてしまうのは仕方がないけれども、音を出すのは友達の迷惑になるからやめようね」と話すと、子どもは自分のことを理解してもらえたという安心感から、音を出さないことを意識し始めます。

⑤多動が伝わる?!　全員で動かない努力を！

グループによっては、多動が連鎖する（一人が机をガタガタさせると、周りの子どももやり出す）ことがあります。このようなときは、グループの約束として取り上げ、全員が約束を守れたら休み時間を5分延長するなどのご褒美を設けます。すると、全員で声をかけ合いながら意識し、自分たちの行動をコントロールしようとします。ご褒美があることで効果が高まりますが、逆にうまくいかなかったときには責め合ったりすることもあります。このようなときは、「お互いに、注意3回でアウト」などと合格ラインに幅をもたせます。みんなで約束が守れたという成功体験を増やし、グループ全体のプラスの相乗効果を引き出すことができます。

ポイント11　　コミュニケーションスキルを高める！

①声をかけるときは名前を呼んでから！

　集団の中で友達に話しかけるときに、「ねぇ」や「誰か、一緒に遊ぶ人〜」などと言っても、周りにいる人は自分に言われていることに気づけないため、応じないことがあります。しかし、声をかけている本人には一緒に遊んでほしい相手がいるため、「無視された、自分は嫌われている」と勝手に勘違いをして、いらついたり落ち込んだりしているケースをしばしば見かけます。

　そこで、グループ学習では、『友達や先生に声をかけるときは、名前を呼んでから話しかける』というルールを作り、その理由も合わせて伝えます。子どもが「○○先生」と言わずに後ろや横、遠くから話しかけてきたときは、聞こえないふりをしてみます。何度か話しかけても教師が振り返らないと、子どもは名前を呼んでいないことに気づきます。しかし、その理由に気づけないこともあります。その場合には、「先生に言ってたの？　名前を呼ばれなかったから気づかなかったよ」と、あえて言います。すると、子どもは名前を呼べば先生が応じてくれることを再認識し、次に用があるときは、「○○先生」と呼んでから話しかけることができます。名前を呼ばれたときは、どんなときでもすぐに応じて成功体験につなげます。このようなことを繰り返すことで、子どもは名前を呼んでから話しかける習慣を身につけていきます。

②子どもの表現を待つ支援

　また、言語表現が苦手であったり、話しかけるタイミングをつかむことが難しかったりする子どもは、指示待ちになったり、周囲が聞いてくれるのを待っていたりする様子を見かけます。自分で表現する機会が少ないことでコミュニケーション力が伸び悩んだり、周囲の手助けが当たり前になることで常に不安で消極的になったりすることもあります。

　そこで、教師は子どもの気持ちや思いをくみ取りすぎずに子どもからの言葉を待つようにします。事前にどのような場面でどんな言葉を言えばよいかを確認し、必要に応じて紙に書いておきます。ロールプレイを行い、話すタイミングや声の大きさ、言葉の速さなどを練習しておくことで、より確実に成功体験につなぐことができます。

ポイント12　　ちくちく言葉とほかほか言葉

　勝ち負けのあるゲームはとくに気持ちが高ぶりやすいため、人が不快になる言葉はいけないとわかっていても、調子に乗りすぎて「そんなこともできないの〜」とバカにするようなことを言ったり、自分が有利であることを過度に喜んだりすることもあります。

　また、自分にとって不利益な状況が生じると、感情のコントロールが難しい子どもは、怒りの感情を抑えきれずに、文句や暴言を言ってしまうことがあります。

①プラスポイントとマイナスポイントの活用

　意識的に気持ちのコントロールを図るための手だてとして、ゲームのルールに工夫をします。つまり、ほかほか言葉（うれしい気持ちになる言葉）を言ったときはプラスポイントに、ちくちく言葉（悲しい・嫌な気持ちになる言葉）を言ったときはマイナスポイントになるようにルールを設定します。

　たとえば、ほかほか言葉をゲーム中に10回以上言えたら「＋10点」、あるいは、次のゲーム時に有利な条件を得ることができるくじを引くことができる（子どもはくじが大好き！）な

どの特典を与える等します。また、逆に、ちくちく言葉を言ったら、１回につき「－１点」等の不利益になる条件を設定します。これはかなりの効果を期待できます。

②ちくちく言葉とほかほか言葉の確認

　上記のようなルールを取り入れる際は、どんな言葉がちくちく言葉やほかほか言葉なのかを事前に確認しておきます。また、わかっていてもすぐにその場で言葉に出せない子どももいるため、必要に応じてカードとして貼り出して確認するのもよいでしょう。

③加点のルール

　ほかほか言葉が言えたことをポイント加点してほしいと教師にアピールするあまり、何度も「がんばれー」「どんまい」などと言うことがあります。このようなときは、その言葉をどのようなときに、誰に向けて言えばよいのかを取り上げて、別途、学習する機会を設定します。

ポイント13　約束を守るために！

　様々な苦手さにより、約束を守れないことに困っているのは子どもたちです。ある子どもは、先生に叱られるたびに「なんで（世の中に）ルールがあるんだ。ルールなんてなければいいのに」と泣いて訴えていました。ADHD の傾向のある子どもは、ルールや約束をわかっていても、行動のコントロールがうまくいかず、つい失敗してしまいます。自閉スペクトラム症の傾向のある子どもは、状況によって判断しなければならない暗黙のルールをくみ取ることが苦手なため、ルールや約束を守りたいと思っていても守れないことがあります。

　そこで、活動のルールや約束を明確に示し、意識して行動できるようにしていきます。

①振り返りシートで自己評価と他者評価を

　子どもに意識して取り組んでほしい目標を明記した振り返りシート作成し、毎時間、活動の最後に子どもと一緒に振り返りを行います。

　振り返りシートの目標や形式は、子どもの発達段階や様子に応じて工夫します。目標は具体的に設定し、「何を、どのように、どの程度行うのか」等を必要に応じて個別学習で確認します。

　振り返りを行う際、自己肯定感が低い子どもは評価を低くしがちです。逆に、○×や100点にこだわったり、自己評価が正しくできなかったりする（客観視が難しい）子どもは、よく考えずに一番良い評価に○をつけがちです。これでは、社会性のスキルを身につけることはできません。そこで、どんな言動が望ましくなかったのかを具体的に確認し、次の学習の優先課題とします。

　以下に、学年または発達段階に応じた振り返りシート（CD-ROM に収録）を紹介します。

ふりかえりシート（低・中学年）

やくそく	できたかな？ ○△×
1　せんせいや　ともだちのほうを　みて　はなしが　きけた。	
2　じぶんの　いけんが　いえた。	
3　こまったときに　「わかりません」「おしえてください」などの 　ことばが　いえた。	
4　みどりの　せんの　まえで　よくねらってから　ストーンを 　すべらせることが　できた。	
5　「がんばれ」「どんまい」「すごいね」などの　ホカホカことば　が 　いえた。	
6　しっぱいしたときに　「ごめんね」と　いえた。	
7　かっても　まけても　3びょうより　ながく　はくしゅが 　できた。	

○が　4つより　おおいと、ごうかく！　　　　　　ごうかく　　ふごうかく

> どの場面で何がいけなかったのかを振り返りながら、一緒に評価します。

> 5や6は、どんなときにどのような言葉を言えばよいか、事前に実際にやって練習しておくと効果的！

> 明記されたこと以外で、課題となることがあった場合は、次の回で約束として追加します。そうすることで、適切な行動が増えていきます。

今日の活動をふり返ろう

★番号に○をつけよう。

1／できなかった　　2／できないことが多かった　　3／できることが多かった　　4／できた

	約　束	できたかな？
聞く	友だちや先生の方を向いて　話を聞くことができた。	1　2　3　4
	先生や友だちが話をしているときに、とちゅうでしゃべらずに最後まで聞くことができた。	1　2　3　4
話す	自分の意見を　相手に分かりやすく伝えられた。	1　2　3　4
	声の大きさ（レベル1～4）に気をつけて話をすることができた。	1　2　3　4
話し合い	自分の意見を言った後、その意見についてどう思うか聞くことができた。 （例）「それで、いい？」「どう+、思う？」・・・	1　2　3　4
	自分と相手の意見がちがうときに、ゆずったり、話し合ったりすることができた。	1　2　3　4
活動	時間を守って、話し合いや活動ができた。	1　2　3　4
	なかよく協力して、取り組めた。 （「ごめんね」「ありがとう」「どうぞ」「かして」「どんまい」など）	1　2　3　4
	ルールが、守れた。	1　2　3　4
	じゅんびや　かたづけに　すすんで取り組めた。	1　2　3　4
	わからないことや　こまったことを、先生にそうだんできた。	1　2　3　4
気持ちのコントロール	ほかほか言葉が言えた。	1　2　3　4
	友だちがいやな気持ちになる言葉を言ったり、物をなげたり、ぼうりょくをふるったりしないで取り組めた。	1　2　3　4
	負けても　うまくできなくても、おこったり、つまらなそうなひょうじょうをしたりせずに　取り組めた。	1　2　3　4
	結果発表のときに、相手チームに　5秒より長くはくしゅがおくれた。	1　2　3　4

> 子どもが○を付けた後に、教師と一緒に赤○で確認します。

今日の活動を振り返ろう

　評価は、自分の行動を振り返って正しくつけることが大切です。4や5にたくさん〇がついていても、それが正しい評価でなければ意味がありません。うまくできなかった時は、自分の失敗を認め、次の機会にできるように意識してがんばればよいのです。

　『うまくできないこと＝いけないこと』ではありません。自分のうまくできなかったことを認め、気をつけられることが、素晴らしいことなのです。

　あなたは、いくつ先生と〇をつけた数字が同じになるかな？　目指せ13こ！！！

★番号に〇をつけよう。　　1／できなかった　2／できないことが多かった　3／できることが多かった　4／できた

	目　標	自分と先生の評価
1	先生や友だちが話をしている時に途中でしゃべらずに最後まで聞くことができた。	
2	友だちや先生の方を向いて　話したり聞いたりすることができた。	
3	自分の意見を　相手に分かりやすく伝えられた。	
4	状況に応じた声の大きさ（レベル1〜4）で話をすることができた。	1　2　3　4
5	自分の意見を言った後、その意見についてどう思うか聞くことが出来た。 （例）「それで、いい？」「どう、思う？」・・・	1　2　3　4
6	友だちの意見を最後まで聞いて、それに対してこたえることができた。	1　2　3　4
7	自分と相手の意見が違うときに、ゆずったり、話し合ったりして解決できた。	1　2　3　4
8	時間を守って、話し合いや活動ができた。	1　2　3　4
9	友だちの意見を聞き入れながら、投げるボールを決めることができた。	1　2　3　4
10	自分のやりたいものではなく、自分ができそうな道具を選ぶことができた。	1　2　3　4
11	友だちのペースややり方に合わせること（協力）ができた。（自分勝手にやらない）	1　2　3　4
12	自分の役割を、最後まで責任もって行うことができた。	1　2　3　4
13	ゲームの説明やチームを決めるときに「やりたくない」とか「え〜！」など失礼な言葉を言わなかった。	1　2　3　4
14	友だちがいやな気持ちになる言葉を言ったり、物を投げたり、暴力をふるったりしないで取り組めた。	1　2　3　4
15	わからないことや困ったことを、先生に相談できた。	1　2　3　4
16	仲よく協力して、取り組めた。 　（「ごめんね」「ありがとう」「どうぞ」「どんまい」「貸して」…）	1　2　3　4
17	ルールが、守れた。	1　2　3　4
18	準備や後片付けにすすんで取り組めた。	1　2　3　4
19	負けても　うまくできなくても、怒ったり、つまらなそうな表情をしたりせずに取り組めた。	1　2　3　4
20	イライラしたときに、場所を変えて気持ちを切り替えることができた。	1　2　3　4
21	結果発表のときに、相手チームに3秒より長く拍手をおくれた。	1　2　3　4

②ご褒美を活用して

　子どもによっては、目標（約束）の一定基準値を達したら、ご褒美が得られるようにします。ご褒美は「休み時間のパソコン 5 分プラス券」や家庭と協力して「ゲーム時間プラス 10 分券」等でもよいでしょう。これにより、子どもは一層、目標（約束）を守ることに意識を向けることができます。あわせて、できたときは大いに褒めます。そうすることで、目標が達成できると、教師からの心地よい注目が得られることを学習し、次第にご褒美がなくても、目標（約束）に向かって努力したり適切な行動をとろうとしたりするようになります。つまり、**具体的なご褒美→言葉での称賛→自己コントロールという流れ**で考えます。

　他者から認められたという成功体験は、約束を守るための気持ちのコントロール力の向上に大きく影響します。

ポイント 14　上手に褒めて適切な行動を増やす

　不適切な行動は、叱ってその場は落ち着くものの、またすぐに繰り返すことがあります。子どもに何を叱られたか聞いてみると、叱られた事実だけはわかっていても叱責の理由はわかっていないケースがあります。これでは子どもとの関係が悪くなるばかり……。そこで、叱ってだめなら褒めて育てる作戦で対応してみましょう。

①上手な褒め方

　褒めるためには、子どもの良い行動を引き出す必要があります。そのために、『してほしい行動』を具体的にかつ明確に示します。子どもが『してほしい行動』をとったときはすぐに「えらいね」「さすがだね」「ありがとう」と褒めます。その際に、「○○できることは、**とってもすごいことだよ**」「○○**してくれたから、先生はうれしいよ」などと、何について褒めたのか、相手はそれによりどのように感じたのかもあわせて伝えます。**そうすることで、褒められたことへの意味づけや相手の気持ちを教えることができます。

　また、子どもが教師の期待する行動がとれない場合、近くにいる子どもの良い行動を褒めます。その言葉を聞いてすぐに行動修正できたら、行動修正できた子どもも即座に褒めます。これにより、子どもは人の良い行動を真似することの大切さを学ぶことができます。

②上手な叱り方

　しかし、ときには叱らなければならないこともあります。それは、人の迷惑になることを意図的に行ったり、危険な行動をとったり、人に暴力をふるったりしたときなどです。

　このようなときは、まず、個別学習でもグループ学習でも折に触れて「これらは絶対に許されない行動です。先生は本気で厳しく叱ります」と毅然と伝え、予告します。

　子どもが何について叱られているのかがわかるように、端的に短く叱り、子どもの様子が変わったら、声のトーンを和らげて、叱ったことの意味や、どうしてほしかったのかを伝えます。子どもが素直にそれを受け入れて行動を修正したら、すぐに褒めることもポイントです。子どもを叱った後は、できるだけ子どもの良い行動を見つけて褒め、一緒に遊びます。「嫌いだから叱ったのではない。行動を叱った」ことを伝えます。

　視覚刺激の処理能力が高い子どもや、すぐに忘れてしまう子どもには、カードなどの掲示物が有効です。しかし、いつも同じところに掲示していると、子どもにはそれがただの壁紙になってしまうことがあります。

　そのため、特に意識して守ってほしいことや重要なことは、説明をするときにカードを意図的に動かしたり、あえて隠しておいて取り出したりして確認します。すると、子どもの注目を集めることができ、約束やルールに意識が向きやすくなります。

ポイント16　自己理解を支える

　人は誰でも苦手と得意があります。発達障害等のある子どもは、人よりも得意と苦手の差が大きかったり多かったりすると理解する必要があります。ですから、自分がどんなときに失敗しやすいかを知っていれば、自分にとってやりやすく効果的な方法を用いてうまく行動することができます。そのためには、教師が子どもの自己理解を促進する支援を行う必要があります。

①自分の失敗しそうな場面を自覚する

　グループ学習のゲーム活動で使う面白そうな道具が目の前に並べられると、衝動性の強い子どもはすぐに触りたくなります。そこで、道具を提示する前に、子どもに「きみたちは、目の前におもしろそうな物があるとすぐに触っちゃうよね」と言います。事前に、子どもたちがやってしまいそうな行動を予告することで、子どもはすぐに触ってしまうかもしれない自分を想像し、自覚することができます。そして、「今からゲームで使う物を並べるけれども、先生が「どうぞ」と言うまでは触らないでね」と伝えます。子どもは、先生が「どうぞ」と言えば触ることができるとわかるので、そこまで衝動性をコントロールして待とうとします。触らずに待てたときは、大げさに褒めましょう。そうすることで、子どもは自分の失敗しそうな場面を意識するとうまくいくという成功体験を得ることができます。

②マイナスポイント制を！

　ゲームのルールに『先生が「どうぞ」と言ったらボールに触れる。「どうぞ」と言う前に触ってしまったらマイナス1点』などのマイナスポイント制を取り入れることで、子どもは触らないことを強く意識します。マイナスになることはチームにとって不利益なため、子どもは友達と相談して、ボールの入ったかごをあえて手の届かないところや背面の見えないところに置こうと工夫します。そのような工夫をしたときは、すぐに「すごい！　そういう工夫が大事だよね」と言って褒めます。そうすることで、成功体験を通して、失敗しそうなことに対して工夫をするとよいという学びにつながります。

　このような繰り返しを重ね、自ら注意すべき場面に気づき、失敗しないように気をつけることができるようになります。

③過去の失敗に触れて客観視を

　うまくできるようになった頃に、「2年生のときは、よく教室から出て行ってたよね」などと、しばしば見られた過去の不適応行動にあえて触れてみます。自己理解とその受容がすすんだ子どもは、「あのときは本当にひどかった」としみじみと振り返ったり、「先生、もうそのことは言わないでください」と笑って返したりするものです。当初のしんどかった行動が改善されて、

集団の場でうまくやれている子どもは気持ちに余裕があるので、過去の自分と今の自分を客観視することができます。過去の自分を客観的に受け止めて認められるようになると、多くの子どもは「もう、前のようにはなりたくない」と話します。このような前向きな意識が苦手さと付き合う上でとても大切です。

ポイント17　社会性の学習であるという目的意識を明確に！

　グループ学習では、あえて楽しいゲーム活動を取り上げるからこそ、取り組みへの意欲を引き出し、ルールや約束の遵守に意識を向けることができます。しかし、逆に楽しいからこそ知らず知らずに集団行動のルールを守る学習であること、コミュニケーションの学習であることを忘れてしまうケースも少なくありません。

　子どもの自分本位な行動が目立ってきたときは、通級指導教室は学級でうまくやるための学習の場であること、グループ指導は、ルールを守ったり友達とうまく関わったりするための練習の場であることを伝えるようにしましょう。

　発達障害等のある子どもは、周りの状況をうまく理解できずに－本人に悪気はなくても－「わがまま・身勝手な行動をしている」と誤解されやすい子どもたちです。そのため、教師が常に学習の目的や子どもの目標を確認しながら指導する心がけが大切です。

　ここで触れた「支援を最適化する 17 のポイント」はどれも大切で、とても効果的な方法です。しかし、一度にすべてを取り入れることはできません。子どもに応じて、グループに応じて、また、指導の時期に応じて「これだけは！」というポイントを選んで指導に活かしてください。

　そして、その効果を実感したポイントは、在籍学級の担任とも共有し、指導の効果を一層高めてください。

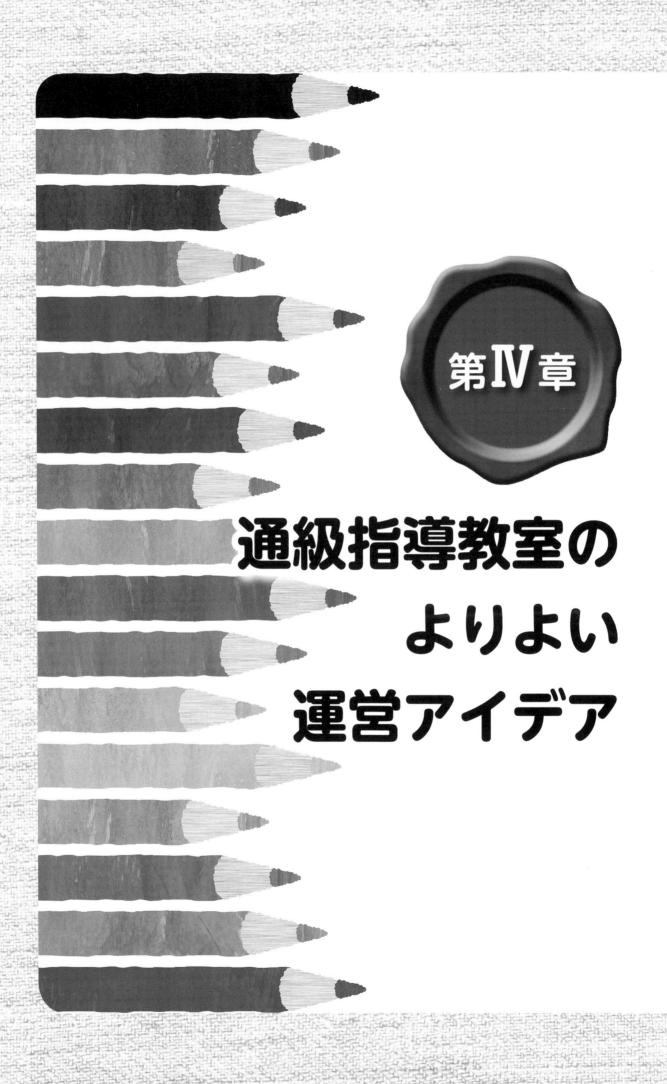

第IV章

通級指導教室の
よりよい
運営アイデア

1．「自立活動」と「個別の指導計画」

（1）自立活動とは？

　通常の学級担任をしていていきなり通級指導教室を担当する読者にとっては、初めて耳にする専門用語だと思います。実は、本書で紹介してきたほぼすべての学習活動が通級指導教室の教育課程上では「自立活動」にあたります。小学校学習指導要領総則には次の規定があります。

> 　障害のある児童に対して，通級による指導を行い，特別の教育課程を編成する場合には，特別支援学校小学部・中学部学習指導要領第7章に示す自立活動の内容を参考とし，具体的な目標や内容を定め，指導を行うものとする。

　つまり、通級指導教室に通う子どもたちは、その時間帯、通常の教育課程を離れて「特別の教育課程」で指導を受けることとなります。そして、その「特別の教育課程」を編成する際の中核になる活動が「自立活動」です。

（2）特別支援教育・通級指導教室の目的は「自立」

　そもそも特別支援教育の目的は何でしょうか。それは文部科学省による『特別支援教育の推進について（通知）』（2007年4月1日）に示されています。「特別支援教育は、障害のある幼児児童生徒の自立や社会参加に向けた主体的な取組を支援するという視点に立ち、幼児児童生徒一人一人の教育的ニーズを把握し、その持てる力を高め、生活や学習上の困難を改善又は克服するため、適切な指導及び必要な支援を行うものである。」すなわち、「自立と社会参加」です。ですから、そのために、本書で紹介してきたような「自立活動」を中心に、特別の教育課程を編成するのです。特別支援学校学習指導要領「自立活動編」解説にも、その目的は以下のように示されています。

> 　個々の児童又は生徒が自立を目指し、障害による学習上又は生活上の困難を主体的に改善・克服するために必要な知識，技能，態度及び習慣を養い，もって心身の調和的発達の基盤を培う。

　その自立を目的とする内容が、学習指導要領では6つの区分で示されています。

> **1．健康の保持**
> 　（1）生活のリズムや生活習慣の形成に関すること。
> 　（2）病気の状態の理解と生活管理に関すること。
> 　（3）身体各部の状態の理解と養護に関すること。
> 　（4）障害の特性の理解と生活環境の調整に関すること。
> 　（5）健康状態の維持・改善に関すること。
>
> **2．心理的な安定**
> 　（1）情緒の安定に関すること。
> 　（2）状況の理解と変化への対応に関すること。
> 　（3）障害による学習上又は生活上の困難を改善・克服する意欲に関すること。
>
> **3．人間関係の形成**
> 　（1）他者とのかかわりの基礎に関すること。

> (2) 他者の意図や感情の理解に関すること。
>
> (3) 自己の理解と行動の調整に関すること。
>
> (4) 集団への参加の基礎に関すること。
>
> **4．環境の把握**
>
> (1) 保有する感覚の活用に関すること。
>
> (2) 感覚や認知の特性についての理解と対応に関すること。
>
> (3) 感覚の補助及び代行手段の活用に関すること。
>
> (4) 感覚を総合的に活用した周囲の状況についての把握と状況に応じた行動に関すること。
>
> (5) 認知や行動の手掛かりとなる概念の形成に関すること。
>
> **5．身体の動き**
>
> (1) 姿勢と運動・動作の基本的技能に関すること。
>
> (2) 姿勢保持と運動・動作の補助的手段の活用に関すること。
>
> (3) 日常生活に必要な基本動作に関すること。
>
> (4) 身体の移動能力に関すること。
>
> (5) 作業に必要な動作と円滑な遂行に関すること。
>
> **6．コミュニケーション**
>
> (1) コミュニケーションの基礎的能力に関すること。
>
> (2) 言語の受容と表出に関すること。
>
> (3) 言語の形成と活用に関すること。
>
> (4) コミュニケーション手段の選択と活用に関すること。
>
> (5) 状況に応じたコミュニケーションに関すること。

　「情緒が不安定」「友達関係に苦戦している」「コミュニケーションに困難さがある」「姿勢が不安定」等、通級してくる子どもの様子を思い浮かべながら、これらに目を通しますと、腑に落ちる部分が多々あろうかと思います。これらの内容に関連して、子どもたちは様々な「学習上又は生活上の困難」を抱えることが多く、「困っている」状況に置かれがちなのです。これらの困難さを乗り越えて、子どもたちの「自立」を目指すのです。

（3）具体的な指導内容の設定にあたって

　自立活動の解説に示される「具体的な指導内容を設定する留意点」を3つだけ引用します。

> ア　児童又は生徒が，**興味をもって主体的に取り組み，成就感を味わうとともに自己を肯定的に捉える**ことができるような指導内容を取り上げること。
>
> イ　児童又は生徒が，障害による**学習上又は生活上の困難を改善・克服しようとする意欲を高める**ことができるような指導内容を重点的に取り上げること。
>
> ウ　個々の児童又は生徒が，発達の遅れている側面を補うために，**発達の進んでいる側面を更に伸ばす**ような指導内容を取り上げること。（太字筆者）

　本書で提案してきた様々な活動を思い返してみてください。すべてがこれらの原則に合致していることがわかります。本書では自立活動そのものについて、これ以上触れられませんが、拙書『入門 自閉症・情緒障害特別支援学級－今日からできる！自立活動の授業づくり－』（東

洋館出版社）と文部科学省ホームページで「特別支援学校学習指導要領」とその解説をぜひ参照してください。

（4）「個別の教育支援計画」「個別の指導計画」とは？

　さらに耳慣れない言葉に不安がよぎるかもしれません。しかし、心配は不要です。まずは小学校学習指導要領の規定を確認します。

> 　障害のある児童などについては，家庭，地域及び医療や福祉，保健，労働等の業務を行う関係機関との連携を図り，長期的な視点で児童への教育的支援を行うために，個別の教育支援計画を作成し活用することに努めるとともに，各教科等の指導に当たって，個々の児童の実態を的確に把握し，個別の指導計画を作成し活用することに努めるものとする。特に，**特別支援学級に在籍する児童や通級による指導を受ける児童については，個々の児童の実態を的確に把握し，個別の教育支援計画や個別の指導計画を作成し，効果的に活用する**ものとする。（太字筆者）

　上記から明らかなことを確認してみます。

①個別の教育支援計画

　家庭、地域及び医療や福祉、保健、労働等の業務を行う関係機関との連携を図り、教育的支援の充実に努力するための計画書です。つまり、通級に通う子どもの多くは何らかの医療機関にも定期的に通院して服薬していたり、福祉関係のサービスを受けていたりすることが多くあります。それらの情報をこの計画書にまとめて、保護者とも連携してより一層の支援の充実を図る家庭・地域生活の応援計画案です。

②個別の指導計画

　本書で提案してきたような通級指導教室で展開される「自立活動」の授業を中心とした、学校生活における応援計画案になります。

　通級指導教室の授業は多く場合、個別指導であったり、少人数のグループ学習であったりします。一人一人に「教育課程」が用意されるイメージです。それをていねいに整理するフォーマットが2つの計画案になります。

　通常の学級において、「個別の教育支援計画」「個別の指導計画」は努力規定であり、**通級指導教室に在籍する場合は義務規定**になっています。

　ただし、今日すぐに作成しなさいということではありません。学習指導要領には大事な規定があります。それは「障害のある児童などについては，特別支援学校等の助言又は援助を活用しつつ，個々の児童の障害の状態等に応じた指導内容や指導方法の工夫を組織的かつ計画的に行うものとする。」という規定です。**「わからない・できない」ことは、応援要請するのも通級指導教室担当として責任の一端**だと考えてください。夏期休業中等に特別支援学校や教育委員会担当者に来てもらったり、地域の関係者の研修会として開催してもらったりして、じっくりと取り組んでください。作成だけを急いでも決して労多くして効果はありません。

　なお、各計画のフォーマットは、都道府県教育委員会や教育センターのホームページからダウンロードできることが多いので確認してください。

（5）「個別の教育支援計画」「個別の指導計画」作成の10ヶ条

ここでは、計画を作成するポイントや心構えを10ヶ条としてまとめました。

1　抱えず・頼って・つながろう！

①独りで抱えない！

　独りで抱えては決してうまくいかない。指導主事の先生、特別支援学校や地域の先輩や同期を頼って、つながることが目の前の子どもに対する最も責任ある態度であると考える。

②地域のネットワークを利用するつもりで！

　おそらく読者も地域の教育研究会の「国語部会」などに所属していたように、「特別支援教育部会」などかあるので、そのネットワークに乗る。

2　子どもに寄り添い、理解する！

①子どものよさ・得意を知る！

　子どもの好きなことは（興味関心は）？　子どもの良いところは（性格の良いところ、よさ、持ち味等）？　得意なことや好きな勉強は？　将来の夢は？　どんなことをしたい？　等を把握してまとめる。

②子どもの苦手・不得意を知る！

　苦手・不得意なことや勉強は？　困っていることは（友達関係がうまくいかない、怒りっぽい等）？　それらを把握してまとめる。

③「個別の指導計画」の作成は「自立活動」の一環である

　自立活動の「1．健康の保持（4）」には、「自己理解」に関する項目がある。つまり、私たち教師がその子どもの理解を深めるプロセスは、子ども自身が自己理解を深めるプロセスともいえる。実は、「個別の指導計画」の作成そのものが「自立活動」の一環としての大きな意味がある。

3　把握の仕方も工夫して！

①工夫を凝らして！

　本書で提案してきた「本音」を推し量るアンケート類も参考に、テスト形式にして"質問→選択肢"のような回答を求めたり、キャラクターとの問答形式にしたり、クイズ風にアレンジしたり、ちょっとした工夫を凝らす。**この一工夫が「特別」支援**といえる。

②あせらずに！

　一度にすべてを知ろうとしない。指導の終わりに、「今日の花丸みつけ」「今日のいいとこ探し」「今日の大失敗」のようなコーナーを用意して本音を語れるようにする。

4　保護者の思いに、寄り添って！

①保護者にも寄り添う！

　「個別の教育支援計画」の出発点には、保護者の思い・願い、あるいは、悩み・不安・戸惑い

もある。保護者の言い得ぬ思いも含めて、保護者に寄り添うことから「個別の教育支援計画」作成は始まる。

②把握の仕方に工夫して！

　家での手伝い、放課後等デイサービス等の利用、医療機関情報等についての簡単なアンケートを用意する。送り迎えの際の話や学期の節に個別面談を設定する。その際に、関連質問をしながら得た情報も「個別の教育支援計画」に書き加える。

5　子どもの「いいとこ」を見つけ出し・つくり・増やす！

①子どものいいとこ・よさを伸ばす！

　病院のカルテとの違いはここにある。「子どもへの“見方”を変えて“味方”になる、そして、“支援”を変える」ことを宣言する計画である。

②いいとこ・よさを伸ばす目標設定を！

　「いいとこ・よさを応援する計画」案である。毎日確実に褒めることのできる行動、その子どもが率先してやっている行動−それらの行動を少しでも増やすような目標設定をする。

6　「大まか」で構わないが「大げさ」は避ける！

①「できる」「する」時間を増やす！

　できもしない「大げさ」な目標設定は避ける。「〜する」という具体的な目標は本人も教師も見えて、わかりやすい、しかも、評価もしやすい。

②少し頑張ると手が届く目標設定！

　「ちょっと努力すればできそうなこと」を目標にする。**「頑張り続ける毎日」ではなく、「頑張りたくなる毎日」という発想を大事に**する。

③子どもが手応えを感じ、教師も手応えを感じる！

　本人も教師も結果として「できる感覚」を実感することから、次への自立的で主体的な気持ちが高まる。

7　行動上の課題（暴力やパニック等）の場合は、さらに絞り込む！

①逆転の発想で！

　まずは逆転の発想で、減らしたい行動とは真逆の行動を増やす目標を検討する。その上で、減らしたい行動について検討する。

②「できる」目標に絞ること！

　負けるとパニックを起こす場合には、年間目標は「勝敗のあるゲームで負けたときの対応の仕方を身につける」であったとしても、「自立活動」の学期の目標は「〜の活動で負けそうなときには、〜して発散する」のように、具体的な目標にする。

8　褒める機会を増やすつもりで！

①「できる感覚」を増やす

　いいとこ・よさを応援する目標でも、行動上の課題を克服する目標でも、結果として「できる機会」を増やす姿勢が何より大切になる。「できる感覚」をたくさん体感することで、自立的で・主体的な姿を実現したい。

②褒める機会を増やす

　子どもの「できる感覚」が、子どもの中で確かなものになるということは、逆に言えば、教師が褒める機会が増えることでもある。「どうしたら褒める機会を増やせるだろう」と考えてみる。

9　目的は計画を書くことではない！　具体的な支援方法の明確化と共有化！

①作成を目的にしない！

　作成だけを目的にしない。結果として、「子どもが確実にできて、褒める機会が増える」という前提さえ外さなければ「大まかに」書く姿勢でスタートしたい。

②具体性

　今現在の子どもの様子に寄り添いながら、何を目標に、どのような授業で、どのような手だてを講じるのかについて、本書で提案してきた授業づくりのアイデアも含めて書き込み、具体的な支援方法を記載する。

③チームで！

　その子どもが在籍する学校の学年会や校内委員会で複眼的に深め、具体的な支援方法に関する知恵をチームで出し合い、支援方法の共有化を図りたい。

10　大事にしたい評価！

①長期休業を一つの節に！

　学期末に一通りの振り返りと評価をする。子ども本人だけでなく、保護者からの聞き取りをし、子どもを中心としたトライアングルを確かなものにする。この機会にこそ、設定した目標に即して「個別の教育支援計画」「個別の指導計画」についても見直す。また、後述する在籍校訪問も大いに利用して評価する。

②「大まか」にではなく、「きめ細やか」に！

　①の検討ができれば、きっと見えてくる。当初は「大まか」な計画であったかもしれないが、次の学期に向けて授業の具体的な準備を「きめ細やか」にしたい。

　本書で提案する様々な活動を子どもとともにすれば、「個別の指導計画」「個別の教育支援計画」に記載する内容は自ずと見えてきます。その際に、上記の10ヶ条を踏まえて、各自治体で提案されているフォーマットに記載してみてください。子どもの全体像がより見えやすくなり、次の目標がイメージされやすくなります。

　なお、本書では、紙幅の都合上、個別の指導計画等に触れられません。拙書『入門　自閉症・

情緒障害特別支援学級−今日からできる！自立活動の授業づくり−』（東洋館出版社）を参照してください。

2. 在籍校・学級担任との連携

（1）連絡帳
　通級指導教室は、子どもに必要な様々なスキルを身につけ、在籍校での適応向上を目指す場です。『通級ではできるけど、在籍学級ではできない…』では意味がありません。
　そのため、学級担任と子どものつまずきの場面を共通理解して同じ方向性で支援を行うことが大切です。連絡帳を通して、通級指導教室での指導内容や様子を共有し、通常の学級での般化を目指していきます。

＜連絡帳の形式＞
　ファイルを個別に作成し、その中に①通級、担任、保護者との情報共有（三者連携）、②個別学習の指導内容、③グループ指導の指導内容と様子をファイルします。これでは「ちょっと重い」と感じられる場合は、①の情報共有シートだけからスタートしても構いません。

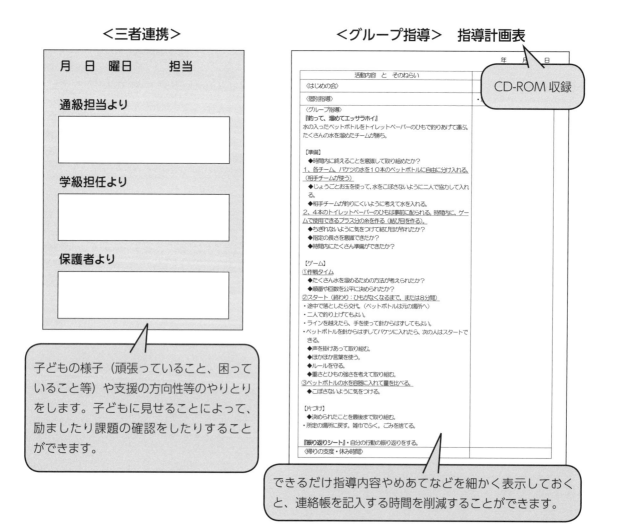

＜三者連携＞

月　日　曜日　　担当

通級担当より

学級担任より

保護者より

子どもの様子（頑張っていること、困っていること等）や支援の方向性等のやりとりをします。子どもに見せることによって、励ましたり課題の確認をしたりすることができます。

＜グループ指導＞　指導計画表

CD-ROM 収録

できるだけ指導内容やめあてなどを細かく表示しておくと、連絡帳を記入する時間を削減することができます。

＜個別指導＞　学習カード＋各種プリント

学習内容や約束を明記

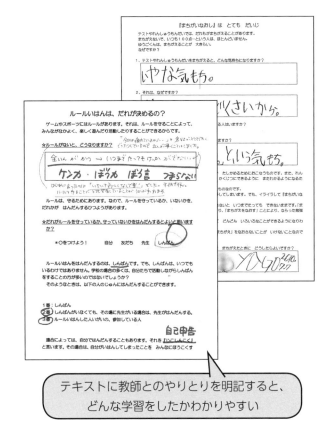

テキストに教師とのやりとりを明記すると、どんな学習をしたかわかりやすい

※次の通級までに担任、保護者と回して目を通し、指導日に子どもが通級指導教室に持ってきます。

（2）在籍校訪問

　発達障害等がある子どもは、環境によって適応状況に差が見られることがあります。とくに在籍学級では、人的な刺激も多く、周囲と同じことを同じペースで行わなければならない活動が多いため、子どもには生活のしづらさがついて回ります。そこで、実際の生活の場である在籍学級の様子を観察し、子どものつまずきの場面と環境との相互作用の把握を行います。

　子どもの様子を観察した後は放課後等を利用して、学級担任と、子どもの様子と支援の方向性の共有のための話し合いの場を設けると、より効果的に支援を行うことができます。

〈個別の指導計画と関連付ける〉

　在籍校訪問を個別の指導計画を評価する時期に行うことで、子どもの変容による指導の評価や、次の目標設定と手だての検討を一緒に行うことができます。

　在籍学級での適応をサポートすることは通級指導教室の大きな役割です。次表のように個別の指導計画の1つの目標に対して、通級指導教室と学級担任、保護者とそれぞれを分けて明記することにより、より効果的に支援を行うことができます。

後期の目標	手 だ て	評 価
1、多数決で自分の意見に決まらなくても、いらつかずにあきらめることができる。	〈通級指導教室〉 ・多数決時の様々な状況を取り上げ、自分と他者との関係性をイラストや文章にして示す。その際、なぜいけないのか、どうすればよいかを具体的に示す。 ・目標の必要性を確認し、約束をする。 ・定期的に振り返りを行う。 〈在籍学級〉 ・いらつかずに流すことができたら褒める。 ・いらつきが予測できる場面では、事前に『多数決で自分の意見が通らないことがある』ことを確認しておく。いらつきそうになったら、周囲の友達の気持ちを伝える。また、学年室で気持ちを切り替えさせる。 〈家庭〉 ・イライラや衝動性による失敗について、医療機関と相談し、服薬の調整を行う。	

〈在籍校訪問計画〉

	在籍校訪問	担任との話し合い	内 容
4月		○	新担任と引き継ぎ及び支援の方向性を早急に確認した方がよい場合、子どもに応じて実施
6月	○	○	子どもの様子と前期の支援の方向性の確認 ※新年度の環境の変化により様子が変わっていることがある
9月		○	個別の指導計画（前期）の評価と後期の目標設定と手だての検討
2月	○	○	子どもの様子の把握、個別の教育支援計画の確認、個別の指導計画（後期）の評価と新年度の長期目標および短期目標（前期）の設定と手だての検討

※９月は、通級指導教室で話し合いを実施。担任に通級指導教室を見てもらうことができる。
※個別の教育支援計画および個別の指導計画は３月中に作成し、４月１日に在籍校に渡るようにすると、スムーズに支援が開始できる。

（3）関係者会議

　子どもによっては、医療やスクールカウンセラー、児童相談所、放課後等デイサービス、専門機関等の様々な機関とつながっている場合があります。校内でも、担任や学年主任、特別支援教育コーディネーター、養護教諭、音楽専科、管理職（校長、教頭）等、たくさんの教師が子どもに関わっています。

　関わる場や関わり方によって、子どもの適応状態は大きく変わることがあります。必要に応じて、子どもに関わる様々な立場の人が集まり、子どもの様子の確認や支援の方向性の検討および共通理解を行うことが大切です。

　子どもの支援だけでなく、保護者の支援も必要なことがあります。それにより、構成メンバーは変わってきます。保護者支援が必要な場合は、家庭支援を行ってくれる児童相談所や福祉機

関等とつながる必要があります。

（4）在籍校学級担任との信頼関係づくり

　子ども一人を見ている通級担当とは異なり、学級担任は、大きな集団の中の一人として子どもを支援します。近年、通常の学級には、発達障害等を含む支援を必要としている子どもが学級に複数在籍することは珍しくありません。そのため、担任は、目まぐるしく変わる関係性の中ですべての子どもに対して対応していかなければなりません。通級指導教室担当と通常の学級担任の連携は本当に大切です。

①担任の学級経営方針を尊重しながら

　学級づくりの段階で発達障害等のある子どもの支援を優先にすることで、学級全体が落ち着かなる状況をしばしば目にします。発達障害等のある子どもは環境によって適応状況が左右されやすいことから、周囲に良いモデルが多くいることが重要です。まずは、後述するユニバーサルな学級づくりを念頭に置きながら、担任の得意とするやり方での学級づくりを尊重します。その中で、子どもが苦戦する場面があれば、それを把握して通級指導教室で支援を行います。通級指導教室で学習したことを大きな集団で般化するために、担任との連携は不可欠です。第Ⅲ章「支援を最適化する 17 のポイント」で触れた内容をアレンジして、学級担任ができる手だてを提案し、担任と十分に話し合ってすすめていく必要があります。

②担任と通級担当の役割を意識する

　在籍学級の中で、発達障害等のある子どもの支援に困っている担任は少なくありません。多くの場合、担任は子どもの不適応な状態をどのように見立て、どのように支援をしたらよいのか困っています。そのため、担任との相談の経過の中で、通級担当による『担任への助言』のつもりが、知らず知らずに『担任への指導』に変わってしまうことがあります。

　また、在籍校訪問時に通級している子どもの様子を観察しに行っているはずが、担任の学級全体への指導に対して助言をしてしまうケースがあります。通級担当は、あくまでもその学級から通級する子どものサポートを行う役割です。この立場関係を逸脱した話し合いを行うことで、担任との不信感を生む場合がありますから気をつける必要があります。

　その上で、先に触れた「17 のポイント」を活用して、さりげないサポートを展開したいものです。

③まずは担任の良いところを支える

　担任と子どもとの関わりの中で良いところをまずは認めます。担任の日頃の苦労をねぎらい、指導の工夫や対応の中で配慮していることなどを積極的に認めていく姿勢が大事です。通級指導教室での個別的な指導と通常の学級の大きな集団とでは対応の仕方が異なります。お互いに苦労していることや、うまくいった方法などを話し合いながら、支援の仕方を模索していける関係がベストと考えます。

④支援の役割分担を

　担任の周りには常に 30 人近い子どもがいます。そのような中で、支援を要する子どもと 1 対 1 でじっくりと話をしたり、約束をしたりする時間がとれません。通級指導教室ではマンツーマンで子どもとじっくりと話す機会がとれます。一斉指導の中での担任の役割と、個別指導での通級担当の役割が明確になることで、支援もスムーズになり、子どもの適応も変化してきます。子どもの小さな適応の改善が担任との信頼関係のベースになっていきます。

3．保護者との連携の工夫

（1）連絡帳

　先に触れたとおり、通級指導教室で行った学習内容をできるだけ具体的に伝えます。これをもとに担任、保護者と情報の共有を図ることができます。また、**保護者が通院時に連絡帳を持参し主治医に提示することで、子どもの様子の報告に役立てたり、支援方法に対しての助言を得たりする**ことができます。

（2）通級送迎時の話の重要性

　他校からの通級の場合、保護者の送迎時に家庭の様子や、子どもが保護者に話す学校での困り事や保護者自身の困り事を聞くことができます。毎週、定期的に聞くことができるため、子どもが困っていることに対して担任と連絡を取り合いながら素早く対応することができます。

　また、保護者も日々、これまでのしつけではうまくいかない子育てに奮闘し、悩んでいます。「できないのは子どもが悪い」と思っていると、保護者は叱責を続けてしまいます。しかし、できないのは障害の特性によるものだという理解がもてれば、子どもに合った方法で対応することができます。

　通級指導教室に通うと、すぐに子どもが良い方向に変わることがあります。それは、**保護者が障害や子どもが置かれている状況を理解し、家庭での適切な対応が増える**からです。保護者の思いに寄り添いながら行う保護者支援は、子どもの生活のしやすさを支える大事な支援です。

（3）保護者会

　前述したように保護者は周囲に相談できる人がおらず、一人で悩みを抱えたまま、在籍学級での保護者会では肩身の狭い思いをしていることもあります。通級指導教室は、子どもや保護者が困っていることは違うものの、似た状況にあります。そこで、保護者会を通して横のつながりをつくります。

〈保護者会の時期と内容（例）〉

時　期	内　容	備　考
5月中旬	プログラム 1．通級指導教室設置校校長あいさつ 2．通級担当の紹介 3．教室経営について 4．保護者より一言（自己紹介と子どもについて） ※通級担当が助言をしたり、同じ悩みをもつ保護者に助言をもらったりして親交を深める。	☆保護者用教室経営の資料を配布 ☆子どもが取り組んでいるゲーム等を保護者会で体験することも
12月	進路に関わる内容 ・通級していた卒業生の保護者の話 ・中学校に向けて今すべきことについて 　（後半ではグループに分かれて、進路についての悩み相談や情報交換を行う） ・中学校の先生の話を聞く	卒業生の保護者は、公立中（通常の学級のみ、通級指導教室利用、情緒学級在籍）と、私立中へ進んだ方。また、高校、大学等へ進学した保護者を呼んでいる。

　保護者が、「参加することで役に立つ情報が得られた」「仲間ができた」と実感をもてるような会の工夫が必要です。

①保護者会の時期と内容

　本通級指導教室では、年に２回行います。

②配慮点

・座席は、名前札を作って通級指導教室で決めておきます。５月は同じグループ学習の子どもの保護者を近くにすることで仲間づくりを促します。また、12月の進路の保護者会では、学年ごとに席を並べることで、進路に関する情報交換しやすくします。

・子どもが在籍学校に行っている時間帯（午前中）に行うことで、保護者が参加しやすくします。

・保護者の困っていることや知りたいことを事前にリサーチし、「便り」を通して周知しておくと、保護者は積極的に参加するようになります。

・毎年、同じ時期に行うことで保護者会の見通しがもてるため、働いている保護者も予定を調整しやすくなります。なお、保護者会の日程は年度当初の「便り」で必ず連絡します。

（4）便り

①負担にならない程度から

　通級指導教室の「便り」を保護者と学級担任に渡します。これにより、保護者や担任に通級指導教室の様子を知ってもらったり、通級指導教室から発達障害等のある子どもの困っていることや支援方法についての情報を発信したりすることができます。在籍学級担任や保護者との連携を深めるためのよいツールですが、通級指導教室担当の負担にならない程度に少しずつ始

＜予定表（例）＞

発行月	内　容	その他
4月	・通級担当のあいさつ ・4月から9月の指導開始日までの予定 ・6月の在籍校訪問について ・保護者会の案内	・通級指導教室の取り組みや子どもの様子 ・子どものつまずきが見られやすいタイミング（新学期、行事、長期休み前後等）にそのつまずきの原因や支援方法についての情報を提供 ・本や講演会の紹介
9月	・9月～12月の予定 ・個別の指導計画の評価と後期の計画作成について ・10月保護者面談について（個別の指導計画の評価と後期の目標、手だてについての確認）	
11月	・1月の予定 ・進路保護者会について	
1月	・2月～3月の予定 ・2月の在籍校訪問について ・個別の指導計画の評価と新年度の計画作成について ・3月保護者面談について（個別の教育支援計画の確認・個別の指導計画の評価と新年度の目標、手だてについての確認）	
3月	・新年度について ・通級担当あいさつ	

めてみましょう。

②予定は早めに！

　通級指導教室の予定は、週日課や行事との兼ね合いから担任にとっても必要な情報です。また、保護者は送迎の都合をつけたり、子どもの医療機関の予約をとったりすることから、3ヶ月程前の予定が明らかになっていると調整しやすいようです。

　急な予定変更は子どもに影響を与えやすいため、通級指導教室の日時に変更がある場合は、事前に子どもに伝えておいてもらうよう保護者に依頼しています。

4. 医療との連携

（1）情報の伝え方・相談の仕方

①よくある事例から

　しばしば、「先生に言われて病院に行ってみたけれども、何にも役に立たなかった。もう二度と行きたくない」という保護者の話を聞くことがあります。これはどういうことでしょうか？

　担任は、発達障害等の疑いがあるため、より専門的な見立てから子どもの行動を理解し、適切な支援を行いたいという思いで、保護者に医療を勧めています。しかし、発達障害等がある子どもは、学校という大きな集団の中では不適切な行動が目立つものの、構成メンバーも生活習慣もリズムも一定である家庭では、とくに周囲の人が困らずに生活できているケースも少なくありません。このような保護者の場合、医師に「先生に病院に行けと言われたから来ました。学校では○○のようですが、家では困っていないので……」と話をします。すると、医師は目の前でおとなしく座っている子どもを見て、保護者の話だけを聞けば、「学校の対応がよくないのかもしれませんね」ということになってしまうのも当然のことです。

　そこで、実際の子どもの様子を知っている学級担任や通級担当は、医師が子どもの様子を理解できるように伝えることが大切です。

②子どもの様子の伝え方とポイント

ア）メモ書きで伝える

　学校でのつまずきの場面について、あらかじめ担任にメモをとってもらうよう依頼しておきます。多動や衝動による失敗を疑う場合は、いつ、どんな場面で、どの程度の刺激に対して、どのように反応するのか（動く距離・時間・動き方等）などをメモしておいてもらいます。また、ささいなこと対してすぐにカッとなってしまう子どもの場合、気持ちのコントロール力やコミュニケーションの問題を疑うことができるので、どのような場面で、どのように（文句・怒鳴る・暴力・暴言等）、どのくらい（時間）起きるのかをメモにとったり、付箋に書いてノートに貼り付けておいたりするのもよいでしょう。たくさんの子どもの指導にあたる担任の負担を軽減するために、1週間と期間を区切っておくと、担任も取り組みやすくなります。

　この際、担任がどのような対応を行い、子どもがどんな反応をしたのかも重要な情報です。これにより、担任の対応の仕方が主治医に伝わるので、より見立てやすくなります。メモは、きれいに書き直す必要はありません。そのままコピーをとって保護者を通して医師に提出します。

イ）通級担当が担任の情報をもとに手紙を書いて伝える（次のページの表参照）

　メモ書きと同様に、子どものつまずきの場面と教師の対応を詳細に伝えます。その際、子どものつまずきの原因が見立てられれば、通級担当の立場で明記します。

　教師の主観が入ると誤解を招きやすいため、事実を客観的に書くようにしましょう。

　メモも手紙も事実が書かれているものなので、保護者にも同様のものを渡しておくと、信頼関係を保持することができます。

　また、先に触れたとおり、通級指導教室の連絡帳も様子の把握や助言の参考になるため、保護者に持参してもらうとよいでしょう。

③保護者と一緒に医療機関へ相談に行く

　主治医や心理士と直接話をする機会が設けられると、その場で、子どもに関わる関係者で子どものつまずきの原因や支援の方向性を共通理解することができます。

　事前に保護者にその必要性を伝え、病院の予約の際に担任や通級指導教室担当が同行することを伝えてもらいます。医療機関によっては、長めに時間をとってくれることもあります。

　相談内容が複数ある場合は、事前に相談内容を送付したり、受診当日の受付の際に渡したりしておくのもよいでしょう。

　電話で対応してくれる医療機関（医師）もありますが、この場合、あとからトラブルにならないように、事前に、保護者に電話で相談することについて許可を得ておきましょう。保護者から「学校から電話がある」ことを主治医に伝えておいてもらうとよりスムーズです。

（2）服薬に関して

①「教育」だけで抱えない

　ADHDの子どもは、行動のコントロールが苦手なため、わかっていてもつい勝手にしゃべってしまったり立ち歩いてしまったりします。また、注意が散りやすいため集中して取り組むことが苦手で、課題の量が多いだけでやる気がなくなったり、適当に済ませてしまったりすることもあります。自閉スペクトラム症の子どもは、ルールを守らなければならないことはわかっていても、状況によって変化する暗黙の部分がくみ取れないため、周囲と認識がずれて不適切な行動をとってしまうことがあります。本人は良かれと思ってしていることなので、それを否定されるとカッとなって物に当たったり、暴力をふるってしまったりすることもあります。

　周囲からすると、このような行動は怠けや自分本位と誤解されることが多いです。しかし、実は当事者である子どもが一番困っています。適切な対応がないと、次第に、子どもは「どうせおれなんか……」という言葉を発し、どんどん自信や意欲を下げていってしまいます。

　『わからないからできない』ことについては、ソーシャル・スキル・トレーニング等の学習は有効ですが、『わかっていてもできない』場合、自分の行動や気持ちをコントロールできない部分に対して、服薬は成功体験の手助けをしてくれます。

　支援をしても適応の変化が見られない場合は、医療機関にその状況を伝え、支援の方向性の助言とともに服薬の検討をお願いしてみるのも一つです。

　主治医が服薬を検討する際は、より具体的な情報が必要です。不適応な行動の原因が何からくるのかによって、支援方法や薬の処方は全く変わってきます。

②薬が処方されたら……

　薬は、子どもをおとなしくさせるためのものではありません。薬の力を借りることで、生活

＜主治医への情報提供＞

△△病院　主治医様

　本通級指導教室に通級している○○くんがお世話になっております。

　○○くんを 4 月から担当することになり、約 3 か月の間、実態の把握をしながら支援を行ってまいりました。本児の現在の状況についてお知らせいたします。

> 　今年度の初回の通級では、担当やグループの仲間が変わったこともあって、スムーズに教室に入れなかった。慣れない環境での不安の強さが伺われた。活動の流れや友達との関係性に見通しが持てると、2 回目からは不安なく取り組めた。
> 　△△病院の検査も環境の変化から、通院後、必ず高熱を出している。

　いつもと違うことに対して不安が強い。見通しが持ちにくい分、緊張感も強く疲れやすい。また、それがすぐに身体症状や不安定な行動となって表れてしまう。　→情緒不安定になりやすい。

> 　ルールがわかると、とてもよく守ろうとする。褒められると、嬉しくて褒められる行動を進んでとろうとすることができる。（素直で一生懸命）
> 　しかし、他者の真意や暗黙のルールを汲み取ることはとても苦手なため、自分に不利益な状況があるとすぐにイライラのスイッチが入り、治まらない。1 度スイッチが入ると、解説しても受け入れられないことが多く、注意を違うことに向けることによる対処法にならざるをえない。
> 　気持ちを切り替える時間は比較的短いのだが、学級では頻繁にイライラしている。

　事前につまずきそうな場面を取り上げた学習は落ち着いて向き合えるが、実際にあったトラブルについては、その時の感情が一気によみがえってしまって怒りにつながってしまう。そのため、振り返りが難しく、ソーシャルスキルの学習につながりにくい。

　本児自身、トラブルについて問題解決できていないので、不満足感が積み重なり、いつも自分ばかり意地悪されているという認識になっている。在籍校訪問時に、自分より前の席の子が頭の後ろで両手を組むと、「黒板の字が見えない、あいつはいつも嫌なことばっかりする。いなくなればいい・・・」などと聞こえる声で文句を言う様子があった。このような、よくある周囲の行動が自分にとって不利益だとすぐにイライラしてしまうため、つねに教室では文句を言っている状態である。そのため、被害妄想がとても強く、怒りのスイッチがささいなことで入りやすくなっている。

> 　案外、一般的なルールはよくわかっている。しかし、そこに自分の感情が入ってしまうと、相手の気持ちやその場の状況が汲めずに自己流のルールを主張してしまう。ルールに固執するが、とくに目で見える他者の行動には厳しいため、自分もできていないのに他者を責めてしまう様子が目立つ。

　学級では、本児の楽しいおしゃべりや知識力を周囲が認めていることもあって、嫌われたり避けられたりしていない学級づくりができている。しかし、自分の見方でいきなり怒り出す本児を周囲は怖いと思っていたりもする。とくに、優しくて自己主張しない友達に対して攻撃的な態度をとる傾向が強い。通級指導教室で、「ぼくは友達がいない」などとこぼすことがある。担任も、支援が追いつかない状況の中で、周囲との関係性を心配している。

　このように、『みんなとうまくやりたいけれどもうまくいかない』『がんばりたいけれどもうまくできない』といった漠然とした不安を本児自身も抱いています。本来、本児のよい面である真面目さが、逆に情緒不安定やモチベーションの低下を引き起こす引き金にもなっています。

　担任は本児の特性をよく理解し、頑張っている姿を積極的に褒めています。不適切な行動には注目せず、意図的に無視をすることで、気持ちのコントロールがしやすい状況を作っています。しかし、ささいなことで頻繁にイライラしているため、周囲の子供への攻撃的な言動に対する人間関係の維持に悩んでおります。

　通級では、ソーシャルスキルトレーニングに意欲的に取り組むことができていますが、獲得したスキルを般化する場面で、本児の負の感情が邪魔をしてしまい、成功体験につなげることが難しい状況があります。

　本児のがんばりたいという気持ちが集団の中で発揮できるよう、支援の方向性について助言をいただけますと助かります。

　よろしくお願いいたします。

のしやすさをサポートするものです。そのため、服薬の効果を最大限に発揮させるためには、教師や家庭の支援が不可欠です。学習があってこそ服薬は効果を発揮します。よく保護者や先生方に話をすることですが、車はアクセルを踏んでこそブレーキが必要になります。これは、アクセルを『やる気』に、ブレーキを『意識』にたとえています。自分で『できるようになりたい』と思わなければ、いくらよく効く薬を飲んでいても意識が働かないので効くわけがありません。『がんばりたい』と思うからこそ、行動や気持ちをコントロールしようとする意識が働きます。薬はその意識をコントロールする手伝いをしてくれます。

　薬が出たから大丈夫なのではなく、薬が出たからこそ学びのチャンス！と思って支援を進めることが大事です。

③効果と副作用

　服薬が開始されたら子どもの様子をよく観察し、保護者や医療へ報告します。子どものどのような場面のどのような反応がどの程度変わったか等、メモしておきましょう。

　主治医は学校の様子から薬の種類や量が適切なのかを判断し、時間をかけて調整していきます。家庭では、子どもにとっての刺激が少ないため、服薬の効果が見られにくい場合があります。学校からの情報がないことで、主治医は保護者からの情報のみに頼らざるを得ないため、適切な薬の調整が難しくなってしまいます。

　そして、たとえば、多動な子どもが服薬で落ち着いてきたら、「いいね」と落ち着いている状態を褒めましょう。落ち着いている状態を－褒められることを通して－子ども自身が自覚し、仮に、服薬の助けがなくても行動調整できるようになるのです。

　また、心配されるのが副作用です。どんな症状が起きやすいのかを確認し、学校での様子を観察します。副作用を気にしすぎて見立てを誤るケースもあるので気をつけましょう。

食欲が落ちた…本当に副作用？

　食欲減退が副作用として生じる薬があります。

　ある子どもは、主治医や母親から、『食欲が落ちることがある。給食は無理して食べなくてもよい』と言われました。服薬を開始した日の給食時に、子どもが担任に「薬の副作用で食欲がないので残してもよいですか？」と言ってきました。担任も保護者からそのことを聞いていたので、すぐに「無理をしなくてもいいよ」と応えました。

　しかし、よく観察してみると、苦手な野菜が出た日は給食を残し、そうでないときは全量をペロッと食べます。苦手なものは残しても、好きなものはおかわりをすることもあります。食欲が落ちた場合は、好きなものも嫌いなものも少ししか食べられません。子どもによっては、食欲が落ちるという暗示にかかりやすいこともあるため、周囲の大人の客観的な観察はとても大事です。

　この子どもは、私が『あなたの食欲は薬の副作用によるものではないよ。苦手なものは一口でいいから食べてね』と話すと、その日からいつもと同じように食べることができるようになりました。

---

④薬を飲む理由を子どもに伝える

　『薬は学校生活でうまくやるための手助けをしてくれるもの』…だとすれば、その薬を服用する本人が、薬についての理解をする必要があります。親に言われたから飲んでいるのでは、自分の状態に意識を向けることはできません。自分の服用する薬がどんなことに効果があり、どんな場面で助けになるのかを知っていることで、薬とうまく付き合っていくことができるよう

になります。

　子どもには、「先生の話がよく聞けるようになる」「イライラしにくくなる」「宿題が取り組みやすくなる」などと具体的に伝えることで、あとから薬の効果についての振り返りがしやすくなります。丁寧に説明することで「きっとうまくできる」という期待効果を高めることにもなります。薬について説明をされずに何となく飲み続けていた子どもは、『飲みたくないから』『効かないから』『薬の力に頼りたくないから』などといった理由で勝手に服用を止めることがあります。

　『薬とうまく付き合いながら適応を改善し、少しずつ量を減らしながら、薬がなくても頑張れるようになる』ことを目標に、自分の苦手さと向き合えるように支援をすすめましょう。

（3）認知検査

　子どもへの効果的な支援を行うためには、つまずきの原因を把握し、子どもの得意な認知を活かした手だてを構築する必要があります。そのためには、行動観察に加えて子どもの認知の特性がわかる認知検査が有効です。

　医療機関や地域の教育センター等で行うことができるため、主治医や保護者と相談しながら適宜、実施することをおすすめします。しかし、あくまでも検査は支援に活かすためのツールです。子どもの得意・不得意を把握してよりよい支援に結びつけるという姿勢が大切です。そのため、検査結果の解釈とその後の支援の方向性についての検討が何よりも大切です。

5. いくつかの配慮事項

（1）通級指導の開始時の配慮

①通級指導教室の目的を確認する

ア）保護者や担任に対して

　通級指導教室は、子どもが楽しく豊かな学校生活を送るために、障害から起因する様々な生活上・学習上の困難さを改善・克服を目指すための学習の場です。

　しばしば見かけるのは、通級指導教室が学習フォローを主とした学習塾のようなスタイルになってしまっているケースです。学習障害のある子どもは、認知の特性を生かした読み書きの指導を行ったり、計算指導をしたりします。また、低学年から学習につまずきがある子どもには、とくに2年生までの学習は生きていく上で必要な学習の基礎が詰まっているため、子どものわかるやり方で指導することがあります。

　しかし、保護者の中には、否、教師でも「勉強ができるようになれば」と考えている場合があります。もちろん、授業で扱う教科等の学習は大切です。しかし、とくに、4年生以降は勉強さえできれば……という目標が、子どもを苦しめることがあります（もちろん、対人関係を含む学校生活全般で苦戦が多いとしても「勉強こそが支え」という場合もあります）。

　子どもが生き生きとした学校生活を送るために、生活全体における優先目標を見極め、お互いに連携して支援していくことの必要性を丁寧に確認することが大切です。

　子どもが思春期をうまく乗り切っていくためには、生活の中に居場所があることが大事です。この居場所は、何でもよいのです。運動が得意な子は部活動を、決まり事を真面目に頑張れる子は係活動や委員会活動を、優しい子はお手伝いや奉仕活動を……と、その子どものよさを周囲の大人が認め、得意なことを伸ばしていくといった視点で支援を行うことが重要です。

　「4年生なんだから、このくらいできなきゃ」ではなく、その子どもの発達に合わせた目標に対して、スモールステップで支援をすすめていきましょう。

イ）通級する子どもに対して

　通級を開始する際は、事前に「通級指導教室は学校でうまくやるための練習の場であること」を子どもに伝えます。

　よく行う方法としては、理由なく授業を抜けて違う学校に連れて行くわけにはいかないため、まずは保護者が子どもに「友達と仲良く関われるようになるために、○○小学校の通級指導教室に行って勉強をするよ」と予告します。自己理解が高い子どもは、すぐに自分の状況がわかるため受け入れることができます。さらに、通級指導教室で何のためにどんなことを行うのかを、子どもの困っていることとつなげて説明します。そうすることで、子どもは通級指導教室での目的がわかるため、通級担当から発信される学習に対して意欲的に向き合うことができるようになります。

②通級することをオープンにする意味

　自分の苦手なことを克服、改善するために通級指導教室へ通っているということを、子どもはわかっています。ところが、保護者や本人の思いから、「アレルギーの病院に行っている」「おじいちゃんのお見舞いに行っている」などと周囲にごまかして通級しているケースを見かけることがあります。

　上記のとおり、自分の苦手さと付き合うための通級であるはずが、周囲にごまかすという行動によって、「自分の苦手なことは、恥ずかしいこと。隠す方がよい」という認識に変わることが多くあります。これは、その後の子どもの自己理解に大きな影響を及ぼすことになります。高学年で目指すもっとも重要な支援のポイントは「自己理解」です。むしろ、自分の苦手さを知り、必要な場面で失敗しないように意識を向けられること、自分に合ったやり方をわかっていて、その方法を使って解決できることが何よりも重要です。**障害から個性への近道は、ずばり「自己理解」です。「苦手なことは仕方がないこと、自分の苦手さがわかり、それとうまく付き合えばよい」**という考えがもてるよう、学級を抜ける際は、子どもたちにオープンにしてもらえるよう保護者に説明します。

　オープンにすることで、「いってらっしゃい」と友達に応援されて出かけることができ、「おかえりなさい」と快く迎えてもらうことができます。これらは、自分の苦手さと向き合う子どもにとって、何よりの励ましと安心感を与えます。

③周囲の子どもへの説明の仕方

　周囲の子どもが定期的に学級を抜ける友達を気にするのは当たり前のこと。そこで、通級する子どもに執拗に質問することがないよう、周囲の子どもには教師から説明をします。それにより、通級する子どもが、周囲の友達に応援されながら学習に臨むことができる環境づくりをします。

○○くんは、よく休み時間にみんなとけんかをしちゃうでしょ。本当は、みんなと仲良く遊びたいと思っているんだって。だから、毎週△曜日の1、2時間目に□□小学校へ行って、『友達と仲良く遊ぶための勉強』をしてきます。○○くんも頑張るから、みんなも応援してあげてね！

先生

　周囲の子どもたちが、その子どものことを最もわかっています。そのため、よく見られるつまずきの場面を取り上げて説明すると、すぐに納得し、見守ってくれます。
　なお、このような**説明をする場合は、必ず保護者の了承を得てから行いましょう**。

（2）日課表作成のポイント

①指導効果を上げるためのグループ編成と日課の組み方

　グループ編成によって、グループ学習の効果が大きく左右されます。保護者の送迎の都合を考慮しながら、最大限に子どもが力を発揮できるグループ編成を心がけましょう。

ア）グループ編成の仕方

　○保護者の送迎可能な曜日を確認します。その際、『できるだけよいグループを作りたいので、どうしても送迎できない日だけ挙げてほしい』とお願いします。そのように話すと、多くの場合、子どものためにと、できるだけ多くの曜日を挙げてもらえます。結果として、メンバー構成の調整がしやすくなります。

　○保護者の送迎可能日と、学年、相性、認知能力、障害の特性、興味関心などを考慮しながらグループを編成します。なお、トラブルを抑えきれないことが予測できるグループは避けます。トラブルが頻発すると、通級指導教室が心地よい場ではなくなるため、通級そのものが嫌になってしまうこともあります。

　○担当教諭が複数いる場合は、担当を決定します。また、担当は頻繁に替えません。変化に弱い子どもが多いため、担当が替わると関係づくりから始めなければならないため支援が遅れてしまいます。年度末からよく調整しておきます。

イ）保護者の希望を受け止めつつも

　保護者は、授業を抜け出る時間が短い時間帯を希望することが多いです。しかし、個人的な都合や希望を聞き入れすぎるとグループ編成が難しくなります。そのため、集中が持続しにくい低学年は午前、集中が持続しやすい高学年は午後とあらかじめ時間帯を決めておきます。その説明を行うことで、指導効果が優先する時間帯の希望が増えます。

②通級の日課と在籍学級の日課との兼ね合い

　通級指導教室で学習をしている間、在籍学級では普段と同じように授業が行われています。子どもにとって授業を抜け出ても支障がない時間帯はありませんが、少なくとも支障の少ない時間帯に通級指導教室の指導時間を設定することは可能です。そのため、日課表を立てるタイミングを工夫します。

　○通級指導教室の日課表を3月末には作成します。
　○新年度が始まってすぐに（4月1〜3日）、担任に子どもが通級する曜日と時間を報告します。このときに「日課表を作成する際に子どもが抜け出ても支障がない授業の御配慮をお

願いします」と伝えます。「抜け出ても支障がない授業とは、どんな授業にすればよいですか？」と聞かれたとき次のことを伝えます。

- ・子どもが好きな授業や活躍できる授業は避ける。
- ・低学年は、国語や算数は家庭でフォローしやすいため望ましい。むしろ、図工は家庭でのフォローが難しいため避けた方がよい。
- ・高学年は、国語、算数、理科、社会は、学習フォローしにくいため、できるだけ避ける。
- ・音楽や英語など授業回数が少ない教科は、フォローや評価が難しくなるので避ける。

○担任が、通級する子どもの日課を考慮して学級の日課表を作成します。このような配慮は、「授業を抜けることで学習についていけなくなるのでは……」と心配している子どもや保護者に安心感を与えます。

○あわせて、抜けてしまう授業に関しては板書をデジカメで撮ってもらったり、プリント類は保管してもらったりするようにします。

（3）卒級

　在籍学級での適応が改善され、個別や小集団での個に応じた支援がなくても、大きな集団で学べるようになれば卒級を検討します。しかし、在籍学級で頑張れる場面が増え、友達からも認められる機会が増えたのに、卒級のタイミングを見誤って失敗経験を増やしてはいけません。そのため、卒級に向けての準備を、時間をかけて行っていきます。

①見通しをもって段階的に

　子どもと、卒級を目指して何をどのように頑張ればよいかの目標を確認します。その際、「宿題を朝の会が始めるまでにかごの中に入れる」「授業中の勝手なおしゃべりは、先生の注意３回まで」などと具体的な内容で目標を示します。

　そして、子どもが目標を意識して生活ができるようになり、不適切な行動が目立たなくなってきたら、通級する回数を隔週から月１回に減らしていきます。こうすることで、子どもは通級指導教室での支援がなくても在籍学級でうまくやれるという自信をつけていきます。通級指導教室が月に１回でもあると、何かトラブルが合った際にすぐに相談できる安心感がもてるので、保護者も子どもも卒級と向き合いやすくなります。

　通級を減らしてもとくに問題がない場合は、学級担任や保護者、主治医等と相談し、最終的に在籍校の校長の判断のもと卒級を決定していきます。

②卒級が簡単ではない発達障害等のある子どもの困り事

　誰もが卒級できればよいにこしたことがありません。しかし、安易にする選択ではありません。小学校低学年は、じゃれ合いの遊びが大好きだったり、男女問わず折り紙やお絵かきなどの遊びを好んで一緒に遊んだりします。そのため、一緒に遊べることが多いのですが、力の加減が難しかったり、人とのやりとりにおけるルールやマナーの獲得が未熟だったりするため、ささいなことでもめる場面をよく見かけます。

　中学年になると遊びは活発化し、複雑なルールのある遊びを好むようになります。暗黙のルールを状況に応じてくみ取ることが苦手であったり、体を動かすことに不器用さがあったりする発達障害等のある子どもは、このような遊びにうまく参加することができません。

また、高学年になると、気の合う友達や同じ興味関心をもつ友達との関わりを好み、仲間関係がはっきりとしてきます。異性との関わり方も変化し、ついこの間まで手助けをしてくれた女の子が、周囲からのからかいを避けて声をかけてくれなくなるケースもあります。本人だけがそのような内面の変化をくみ取ることができず、漠然とした不安や怒りが生じたり、孤立したりするようになります。

　子どもに関わる大人は、子どもを取り巻くこのような環境の変化によるつまずきを把握しながら支援を行う必要があります。そのため、新たに生じる可能性があるつまずきを想定すると、なかなか卒級の決断ができない状況があるのです。学校や家庭と情報の共有を密に行い、慎重に検討していく必要があります。

（4）支援の役割分担

　通級指導教室に通う子どものほとんどが、生活習慣、学習習得、授業態度、集団行動、コミュニケーション、情緒面などいくつもの問題を抱えています。週に1回程度の指導で、すべての問題を取り上げて対応することは困難です。浅く広い指導は中途半端になるだけで、子どもの適応改善にもつながりません。そこで、支援の役割分担を行います。

　次のような支援の役割分担を行うことで、それぞれが確実に支援を行うことができるため、子どもの適応がみるみる改善されていきます。

1年生（自閉スペクトラム症　認知能力／境界域）

　授業中の担任の指示が理解できず、何をどのように取り組んだらよいのかわからず、シクシク泣いている様子が目立ちました。学習面は、算数の計算と文章問題につまずいていました。また、小学校の見通しに慣れず、一人で身の回りのことを行うことができません。困っていてもそれを先生に伝えることができなかったため、泣き叫びのパニックが頻繁に見られました。

【支援の役割分担】

通級指導教室…支援の役割分担や指導の方向性の提案
　　　　　　　言葉の学習・学校生活の流れやルール、取り組み方の学習および教室での手だての構築・困っているときの問題解決方法の学習（困っているときの伝え方、リソースルームの確保等）・つまずきの場面を取り上げた社会性のスキル学習

担任…わかりやすい教室環境の工夫・個別の声かけにより、学校生活の見通しやルール、取り組み方を知る・周囲の子どもの理解・個別での学習が必要なつまずきの場面を通級指導教室や家庭へ伝える。
　　　※一斉指導での学習習得は難しいため、授業の取り組み方やルール等がわかることを担任の役割とする。（学習は個別対応ができる家庭や塾等で行う）

家庭…今日の予定（見通し）の確認・学習フォロー（宿題、学習塾）・言葉の学習（学校と連携）・雑巾絞りや三角巾のかぶり方、配膳等、学校でつまずきが見られる場面のスキルの獲得・子どもの困っていることを担任や通級指導教室へ報告・医療に様子を報告

医療…支援方法の助言と服薬の検討

　通級指導教室運営の大きなポイントは連携です。子どもの様子やつまずきの原因を把握し、優先目標に絞り込んでスモールステップで一つずつ解決していきましょう。

6.「ホームルームは在籍学級」−ユニバーサルな学級・授業こそ！−

（1）在籍学級と通級指導教室での子どもの思い

①「ホーム」ルームということ

　通級に通ってくる子どもたちはどの子どもたちも何とも言えない安心した表情を見せたり、解き放たれるように自己表現したりすることがあります。通常の学級では−もちろん、よいこともたくさんありつつも−緊張する場面や複雑な思いを抱えながら過ごしていることをうかがわせます。その意味で、「通級指導教室」は子どもたちにとって一つの貴重な居場所として機能し、「通常の学級」でまた１週間頑張るための力をチャージしていることを私たちは実感します。

　しかし、一方で、通常の学級への強い思いを抱いています。子どもならば誰しもが抱く、友達や先生にに認めてもらいたいという純粋な願いにも触れるのです。子どもたちにとっての「ホーム」は通級指導教室ではありません。「通常の学級」なのです。通級指導教室でどれだけ良い姿をしていても、「ホームルーム」でその姿を実現できなければ、通級指導教室での指導の意味はやはり半減します。では、通級指導教室と通常の学級との連続性を高めるためにはどうしたらよいでしょうか。その方策は大きく分ければ２つあります。

②般化のための方策

　一つは通級指導教室で学んだスキル等を通常の学級でも発揮できるように相互の連携を密にして、般化のため手だてを共有・充実させることです。これは今後の大きな課題として、しっかりと追究する必要があります。ここでは、その最も簡便で効果的な手だてを一つ紹介します。それは、通級指導教室で取り組んだ活動を、そのまま通常の学級でも展開することです。

　本書で紹介した活動の中には、通常の学級でそのまま展開できるゲーム等があります。それらの活動を通常の学級の特別活動や体育の授業等で取り組んでもらうのです。子どもにとっては、通級指導教室ですでに経験済みのゲームになりますから、主体性を発揮しやすくなります。通級指導教室と通常の学級における**実際の活動レベルでの互換性を高める**ことが、今後はますます求められます。積極的に推し進めたい取り組みです。『入門　自閉症・情緒障害特別支援学級−今日からできる！　自立活動の授業づくり−』（東洋館出版社）でも詳しく紹介していますので、ぜひ参照してください。

　連続性を高める方策の２つ目、それは通常の学級のユニバーサルデザインです。

（2）ユニバーサルデザインの展開

①小学校学習指導要領（解説）の記載から

> 　障害のある児童などについては，学習活動を行う場合に生じる困難さに応じた指導内容や指導方法の工夫を計画的，組織的に行うこと。（小学校学習指導要領）

> 　一人一人の特性等に応じた必要な配慮等を行う際は，教師の理解の在り方や指導の姿勢が，学級内の児童に大きく影響することに十分留意し，学級内において温かい人間関係づくりに努めながら，「特別な支援の必要性」の理解を進め，互いの特徴を認め合い，支え合う関係を築いていくことが大切である。（同解説）

通級指導教室と通常の学級がお互いにどれだけ連携のための力を尽くしても、この基盤なくしてはその効果は発揮されないでしょう。どの子どもも学びやすく過ごしやすいユニバーサルな学級の実現が求められています。

②安心感のある学級

ア）（間）違ってもいい

　一人一人の顔が違うように得意も不得も違う、だから、失敗や間違いもあります。困り方も、勉強の仕方も違います。そして、誰でも間違える、間違っても認めてもらえる、また、挑戦できるできる安心感は、すべての子供の前向きな気持ちを育みます。恥をかける安心感のある学級では、「また頑張ろう！」と思えます。授業への参加度を高めます。

イ）困った顔ができる・助けてもらえる

　大人でも、誰でも困ることがあります。そして、"困ることも違います。その困ることが違えば応援の仕方も違う"という文化、違っていい文化−この空気が教室に浸透すると、どの子どもも安心感を抱きます。結果として、特別な支援は限りなく特別ではなくなります。支援の違いは当然と受け止められ、許容し合える共生的な学級文化を醸成することにもなるのです。

③当てにされる感のある学級

ア）よさ・できることが発揮できる

　誰にでも苦手や不得意だけでなく、それ以上に、よさや得意、できることがあります。それらが発揮される自己有用感を大切にします。学級の子どもたち一人一人の様子を改めて把握し、そのよさ・できることが発揮されるように係活動を見直したり、当番活動の中身ややり方を精査して取り組みやすくしたりします。

④"三間（サンマ）"の雰囲気

　○空間：自分のよさやできることが発揮される出番・役割・居場所、つまり空間がある。
　○時間：その空間での活動がその子どもにとっていい時間になる。
　○仲間：子どものその空間がいい時間になり、それを認めてくれる仲間がいる。
　"三間"を実現し、お互いを当てにし合える仲間づくりを目指したいと思います。

⑤ルールを守ることが心地よい学級

ア）ルールを守ると気持ちいい

　道路に信号機があると誰もが安全に気持ちよく過ごせます。教室・授業の中にもルールがあり、ルールを守ると気持ちよく過ごせることを確認し合い、実感し合います。

イ）ルールを見える化する

　係活動・当番活動も含めて、信号機のような役割を果たす基本的な活動内容やルールは、暗黙のルールにするのではなく、全員が見て確認できるように明確に掲示します。ルールが生活と授業の中に定着するまでは、ルールを具体的に確認し合い、視覚的にもわかりやすく明示します。

（3）逆転の発想で支援を変える！

　子どもがルールを守らないときに叱るよりも、ルールを守っているときに褒めて、守ることを増やすという発想が大切です。さらには、ルールを守らない子どもを叱るよりも、ルール守っている子どもをしっかりと褒める逆転の発想が大切です。つまり、「気になる」子どものお手本になる子どもを増やしていきます。これにより、学級は着実に安定感を増します。

　なお、紙幅の関係で、授業づくりも含めて詳細を触れることはできません。ぜひ、『今日からできる！　通常学級ユニバーサルデザイン－授業づくりのポイントと実践的展開－』（ジアース教育新社）を参照してください。付録の CD-ROM からは、学級づくりの参考になるシートを印刷して活用できるようになっています。

おわりに

　インクルーシブ教育システム構築の核心は「多様な学びの場」の整備です。そして、学びの場の多様性・連続性・柔軟性の要はまぎれもなく通級指導教室です。それは、小学校・中学校・高等学校の通常の学級に在籍する発達障害等の配慮を要する子どもたちにとって、かけがえのない存在です。

　現在は各地域のエリアごとに設置されることが多い通級指導教室ですが、近い将来、各校に一教室ずつ設置される時代がくると思われます。否、子どもの教育権を確かに保障する観点からも、他校通級という不自然な状況を解消するときがこなければなりません。そして、特別支援教育コーディネーター専任化時代の先駆けとして、通級指導教室担当者が各学校のコーディネーターとしての役割を担うべきだろうと考えます。

　筆者の経験からも、通級指導教室担当者が自校通級の子どもに専心できれば、必然的に通常の学級担任との関わりが増えます。つまり、全校を見渡す校内支援体制の中心になりうるのです。その意味では、通級指導教室は今後の「障害者理解教育」の創造・展開をはじめとして、通常の学校における特別支援教育をけん引することになります。

　一方で、通常の教育分野の「多様な学びの場」の基盤はやはり、通常の学級です。通常の学級がエクスクルーシブな（排除する）方向にではなく、どこまでインクルーシブな（包括する）学級経営と授業を展開できるのか、すなわち、ユニバーサルデザインを実践しうるのか−それは「共に学ぶ」と「自立と社会参加」の両立を目指すインクルーシブ教育システム構築の成否を分ける分水嶺になるに違いありません。通級指導教室に通う子どもたちの「ホームルーム」はまさに、通常の学級だからです。

　なお、通常学級ユニバーサルデザインについては、姉妹図書でもある植草学園ブックス『今日からできる！ 通常学級ユニバーサルデザイン− CD-ROM 付き−』『「気になる」子ども 保護者にどう伝える？』（いずれも、ジアース教育新社）を参照してください。本書とともに、よりよい実践を創造する助力になれれば幸いです。

　最後になりましたが、「植草学園ブックス　特別支援シリーズ8」として本書を発刊する機会を与えていただきましたジアース教育新社の加藤勝博社長、そして、原稿整理から校正、そして発刊まで丁寧に作業を進めていただきました市川千秋氏、久保千裕氏には、この場を借りて心からの感謝を申し上げます。

2020（令和2）年3月
植草学園短期大学　佐藤　愼二

【著者紹介】

佐藤 愼二（さとう・しんじ）

　植草学園短期大学 福祉学科 児童障害福祉専攻 主任教授。放送大学客員教授。

　明治学院大学社会学部卒業、千葉大学教育学研究科修了。千葉県内の知的障害特別支援学校及び小学校情緒障害通級指導教室での 23 年間の勤務を経て現職。全日本特別支援教育研究連盟常任理事、2019 年度千葉県総合支援協議会療育支援専門部会座長ほか。特別支援教育士スーパーバイザー。

　主な著作：『「気になる」子ども 保護者にどう伝える？』（ジアース教育新社、2017）、『今日からできる！通常学級ユニバーサルデザイン−授業づくりのポイントと実践的展開−』（ジアース教育新社、2015）、『入門 自閉症・情緒障害特別支援学級−今日からできる！自立活動の授業づくり−』（東洋館出版社、2019）、『逆転の発想で魔法のほめ方・叱り方−実践 通常学級ユニバーサルデザインⅢ−』（東洋館出版社、2017）、『実践 通常学級ユニバーサルデザインⅠ−学級づくりのポイントと問題行動への対応−』（東洋館出版社、2014）、『実践 通常学級ユニバーサルデザインⅡ−授業づくりのポイントと保護者との連携−』（東洋館出版社、2015）、『学びにくい子へのちょこっとサポート 授業で行う合理的配慮のアイデア』（編著、明治図書、2019）、『知的障害特別支援学校 子ども主体の授業づくりガイドブック』（東洋館出版社、2020）、『改訂新版 知的障害教育総論』（編著、NHK 出版、2020）、『実践 知的障害特別支援学級−子ども主体の授業づくりのために−』（責任編集、ケーアンドエイチ、2018 年）、『実践 生活単元学習−授業づくりのポイントとその展開−』（責任編集、ケーアンドエイチ、2017 年）ほか。

大山 恭子（おおやま・きょうこ）

　船橋市立船橋小学校教諭。発達障害通級指導教室担当、特別支援教育コーディネーター。

　東京女子体育短期大学卒業。千葉県内の特別支援学校及び小学校特別支援学級・発達障害通級指導教室で 31 年間勤務。文部科学大臣優秀教員表彰（2011 年度）、2017 ～ 2018 年度魅力ある授業づくりの達人（千葉県教育委員会）。

　主な著作：『学びにくい子へのちょこっとサポート 授業で行う合理的配慮のミニアイデア』（執筆分担、明治図書、2019）、『新学習指導要領対応 特別支援教育の実践ガイド〈2〉自閉症・発達障害への対応−基礎から応用へ』（執筆分担、明治図書、2010）。

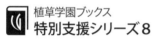
植草学園ブックス
特別支援シリーズ8

今日からできる！

発達障害通級指導教室

子どもの社会性を育てる授業のアイデアと
「学習シート」274

2020 年 4 月 7 日　初版第 1 刷発行
2021 年 8 月 12 日　初版第 2 刷発行
2023 年 12 月 2 日　初版第 3 刷発行

■編　著　　佐藤　愼二
■　著　　　大山　恭子
■発行人　　加藤　勝博
■発行所　　株式会社ジアース教育新社
　　　　　　〒 101-0054　東京都千代田区神田錦町 1-23　宗保第 2 ビル
　　　　　　TEL 03-5282-7183　FAX 03-5282-7892
　　　　　　E-mail : info@kyoikushinsha.co.jp
　　　　　　URL : https://www.kyoikushinsha.co.jp/

■表紙・本文デザイン・DTP・イラスト　　土屋図形株式会社
■印刷・製本　　シナノ印刷株式会社
Printed in Japan
ISBN978-4-86371-535-6
定価は表紙に表示してあります。
乱丁・落丁はお取り替えいたします。（禁無断転載）